La Chine
d'aujourd'hui

Nécessaire
à calligraphie

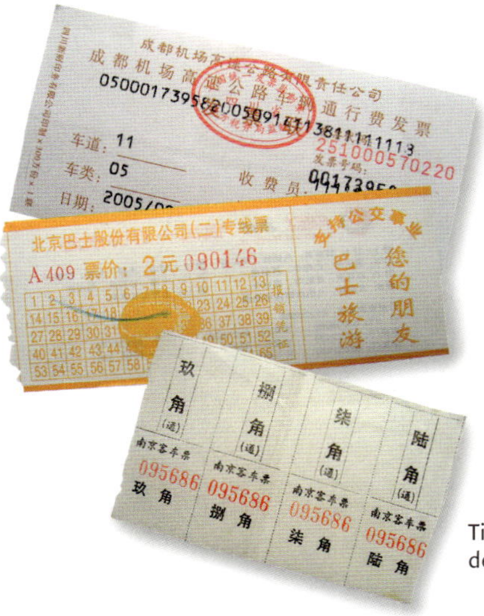
Reçu du péage
de Chengdu

Ticket de bus
de Pékin

Ticket de bus
de Nankin

Bambou

Gâteaux de lune

Elèves de kung fu

La Chine
d'aujourd'hui

par

Poppy Sebag-Montefiore

conseiller

Zhou Xun

Enfants en route vers l'école

LES YEUX DE LA DÉCOUVERTE
GALLIMARD JEUNESSE

Les baguettes dont on se sert à chaque repas en Chine

COMMENT ACCÉDER AU SITE INTERNET DU LIVRE

1 - SE CONNECTER
Tapez l'adresse du site dans votre navigateur puis laissez-vous guider jusqu'au livre qui vous intéresse :
http://www.decouvertes-gallimard-jeunesse.fr/9+

2 - CHOISIR UN MOT CLÉ DANS LE LIVRE ET LE SAISIR SUR LE SITE
Vous ne pouvez utiliser que les mots clés du livre (inscrits dans les puces grises) pour faire une recherche.

3 - CLIQUER SUR LE LIEN CHOISI
Pour chaque mot clé du livre, une sélection de liens Internet vous est proposée par notre site.

4 - TÉLÉCHARGER DES IMAGES :
Une galerie de photos est accessible sur notre site pour ce livre. Vous pouvez y télécharger des images libres de droits pour un usage personnel et non commercial.

IMPORTANT :
• Demandez toujours la permission à un adulte avant de vous connecter au réseau Internet.
• Ne donnez jamais d'informations sur vous.
• Ne donnez jamais rendez-vous à quelqu'un que vous avez rencontré sur Internet.
• Si un site vous demande de vous inscrire avec votre nom et votre adresse e-mail, demandez d'abord la permission à un adulte.
• Ne répondez jamais aux messages d'un inconnu, parlez-en à un adulte.

NOTE AUX PARENTS : Gallimard Jeunesse vérifie et met à jour régulièrement les liens sélectionnés, leur contenu peut cependant changer. Gallimard Jeunesse ne peut être tenu pour responsable que du contenu de son propre site. Nous recommandons que les enfants utilisent Internet en présence d'un adulte, ne fréquentent pas les chats et utilisent un ordinateur équipé d'un filtre pour éviter les sites non recommandables.

Collection créée par Pierre Marchand et Peter Kindersley

ISBN 978-2-07-061177-5

Edition originale parue sous le titre :
Eyewitness guide Modern China

Loi n° 49-956 du 16 juillet 1949
sur les publications destinées à la jeunesse
Dépôt légal: octobre 2007
N° d'édition: 148256
Imprimé en Chine par Toppan
Printing Co., (Shenzen) Ltd

Une sélection de journaux en langue chinoise publiés en Chine et à l'étranger

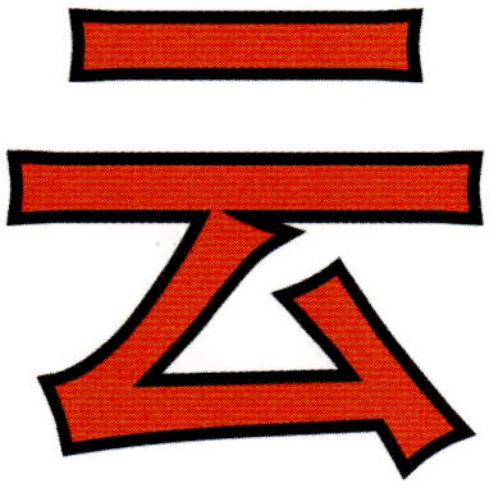

Le caractère chinois simplifié pour « nuage »

Le caractère chinois traditionnel pour « nuage »

Le symbole du Yin et du Yang

Une robe en soie au cours d'un défilé de mode à Hongkong

SOMMAIRE

Bouddhah riant,
symbole de prospérité
et de fertilité en Chine

La journée commence

Les Chinois passent les premières heures du jour de manières variées. Les plus âgés font de l'exercice en plein air avant d'aller grignoter quelque chose au marché et d'y acheter des produits frais pour la journée. Les vendeurs font bouillir des œufs dans du thé et vendent des petits pains ronds, du lait de soja, des pâtisseries farcies à la confiture de haricots rouges. Les plus jeunes ne se lèvent qu'au moment où leurs parents reviennent avec le petit-déjeuner. Qu'il passe par des rues embouteillées ou de tranquilles chemins de campagne, le trajet vers l'école ou le bureau est souvent long. Ceux qui restent disent : « vas-y doucement », l'équivalent de notre « bonne journée ».

L'HEURE DE POINTE EN VILLE
Les banlieusards à bicyclette roulent plutôt doucement, mais dès qu'il se met à pleuvoir, ils accélèrent et toute la ville change de rythme. De larges pistes cyclables sont aménagées le long des rues principales. La conduite dans les grandes villes est devenue très chaotique et le vélo reste le meilleur moyen de se déplacer pendant les heures de pointe.

LA VIE DANS LES PARCS
Le matin, parcs et places grouillent d'activité. Les gens s'y rassemblent et s'adonnent à toute sortes de disciplines physiques ou culturelles. Ici, des habitants de Hongkong font du tai-chi, un sport très doux à base d'étirements et de longues et profondes inspirations. Certains chantent des airs d'opéras, d'autres promènent leur oiseau dans sa cage de bois.

De grands éventails pour faire d'élégants mouvements circulaires

ALLER À L'ÉCOLE
Ces petits citadins font un court trajet à pied jusqu'à l'école primaire. Aujourd'hui, de nombreux parents ont une voiture et peuvent déposer leurs enfants. Mais pour la majorité des écoliers des campagnes, la marche peut prendre des heures à travers des chemins difficiles ou montagneux. Une fois arrivés, la première chose qu'ils font est la gymnastique dans la cour. Puis la classe commence.

« Le travail commence avec le lever du soleil, le repos commence avec le coucher du soleil. Insouciant, je flâne entre le Ciel et la Terre. »

ZHUANG ZHOU.
PHILOSOPHE, IVe SIÈCLE AV. J.-C.

DANSEURS AUX ÉVENTAILS
Il est tôt encore à Shanghai, et ces personnes se sont réunies près du fleuve, pour danser avec de grands éventails colorés. Elles dansent au son d'un instrument ou apportent cassette et haut-parleur. Un des membres du groupe mène la danse. À la fin tout le monde se sent plein d'énergie. La danse aux éventails a une longue histoire en Chine, où la coutume veut qu'on rende chaque matin leur vitalité au corps et à l'esprit.

LE PETIT-DÉJEUNER EN VILLE
En Chine, les stands qui vendent des petits-déjeuners s'installent sur les marchés dès 5 h 30, jusqu'à 9 h environ. On y achète des rondelles de pâte frites et des petits pains fourrés au porc, au mouton ou aux œufs avec des légumes verts.

LE PETIT-DÉJEUNER À LA CAMPAGNE
Pour de nombreux villageois, le petit-déjeuner est un repas simple, souvent composé de riz ou de nouilles. On l'avale souvent en vitesse, debout sur le pas de sa porte, avec des baguettes ou juste les doigts. Mais il est aussi le moment où l'on se dit bonjour et se souhaite une bonne journée.

DU FOURRAGE POUR LES BÊTES
Le travail commence très tôt à la campagne, souvent dès qu'il fait jour. Avant de préparer le petit-déjeuner, les gens vont parfois chercher du bois pour le poêle. Une autre tâche matinale essentielle est d'aller chercher de l'eau et de la nourriture pour les animaux.

NOURRIR LA NATION
Cette femme, de l'ethnie Dai, porte des paniers de plants de riz destinés à la province de Yunnan, au sud de la Chine. Le riz, dont la culture remonte à 8 500 av. J.-C., reste la nourriture de base. Il est si important en Chine que la salutation la plus courante est *Chi fan le ma ?*, ce qui veut dire « Avez-vous mangé du riz aujourd'hui ? »

TERRES MULTIPLES

La Chine est un immense pays, avec une fantastique diversité de paysages, de vie sauvage, de peuples et de coutumes. C'est la nation la plus peuplée de la terre – 1,3 milliard de personnes vivent ici, soit un humain sur cinq aujourd'hui. La population est composée à 90 % de membres de l'ethnie Han, mais il y a cinquante-cinq autres groupes ethniques, chacun avec sa langue et ses traditions. De vastes espaces au nord et à l'est sont stériles et sauvages, mais la côte est très peuplée, avec de grandes métropoles, des ports et des zones industrielles en pleine expansion. Au sud-est dominent la jungle et les chaudes plaines tropicales. Au sud-ouest s'élève le plateau du Tibet, une immense région de rochers et de glace qui s'étend jusqu'au pied des montagnes de l'Himalaya. Deux grands fleuves, le Yangzi Jiang et le Fleuve Jaune, traversent le pays jusqu'à l'océan et constituent des voies navigables vitales.

OÙ DANS LE MONDE
La Chine couvre une surface de 9,6 millions de km² en Asie centrale et orientale. Elle est le quatrième plus grand pays du monde. Son littoral longe à l'est la mer de Chine orientale et au sud, la mer de Chine méridionale, qui font partie de l'océan Pacifique.

Géographie

L'HIMALAYA
De nombreux sommets de cette chaîne, appelée le « Toit du Monde », s'élèvent à plus de 6 000 m au-dessus du niveau de la mer. C'est du camp de base du mont Everest, au Tibet, que partent les expéditions vers le plus haut sommet, à 8 848 m. Les Tibétains l'appellent *Chomolungma* ou « la Déesse Mère du Monde ».

LES TIBÉTAINS
Ils sont 4,6 millions. La moitié vivent au Tibet, les autres dans les provinces chinoises voisines de Qinghai, Gansu, Sichuan et Yunnan. En 1950, la Chine occupe le Tibet qui devient, en 1965, une région autonome.

Le désert du Nord

Près du cinquième de la Chine est désertique. Les plus grands déserts sont situés au nord-ouest, où s'étendent dunes de sable et plaines rocailleuses. Les dromadaires font partie des quelques animaux qui parviennent à survivre dans cet environnement hostile. Les habitants, les Ouïgours, se servent d'eux pour le transport et utilisent leurs excréments comme combustible.

Les Miao

La Chine du Sud abrite neuf millions de représentants de cette ethnie composée de plusieurs groupes, dont les Hmong, qui arborent des styles variés de vêtements, de coiffures et de bijoux. D'autres groupes Miao vivent au Vietnam, au Laos et au Cambodge.

Les métropoles modernes

Hongkong est une petite île sur la côte sud-est du pays. La nuit, ses néons et ses gratte-ciels scintillants offrent une des plus célèbres images de la Chine moderne. Loin du centre ville et de ses tours, les forêts et les montagnes constituent les trois-quarts de l'île.

Des plaines balayées par le vent

Les collines et les plaines dépourvues d'arbres au nord-est de la Chine ont un climat rigoureux, avec des hivers glacés et des étés chauds et secs. Cette région reculée mais magnifique, est très peu peuplée. On y rencontre surtout des nomades mongols, avec leurs chevaux et leurs troupeaux de moutons et de chèvres.

La beauté de la nature

Le magnifique paysage qu'offre le fleuve Li dans la province du Guangxi a inspiré les plus grands artistes et écrivains. Le fleuve forme des méandres entre les flancs de montagne escarpés, couverts d'une végétation luxuriante et bordés de plaines fertiles. Chaque pic a été nommé en fonction de sa forme, comme la colline de la Trompe d'Éléphant.

Une longue histoire

Les premières traces de présence humaine en Chine remontent à 600 000 ans. Pendant les quatre derniers millénaires, elle a été la seule civilisation dont l'histoire se soit poursuivie de manière continue. Les hommes s'établirent d'abord sur les rives du Fleuve jaune, où ils développèrent l'agriculture. À la première dynastie régnante, celle des Shang (vers 1650-1027 av. J.-C.), succéda une période de guerre entre les « royaumes combattants ». La dynastie Qin restaura l'unité impériale vers 221 av. J.-C. et instaura une écriture et une monnaie uniques. Les empereurs Han (207 av. J.-C. à 220 après J.-C.) assirent leur pouvoir sur un service public efficace. Malgré les conflits dynastiques et les invasions étrangères, le système impérial dura jusqu'en 1912.

L'âge de bronze
Cette dague en bronze a été coulée sous la dynastie Shang. Des artisans de génie ont créé alors des objets parmi les plus beaux jamais réalisés : couteaux, lances, haches, récipients pour les sacrifices. De cette époque restent aussi des fragments d'écriture gravée dans des os.

L'armée de terre cuite
En 1974, des milliers de guerriers en argile ont été découverts par des paysans dans la province du Shaanxi, en Chine centrale, près de l'ancienne capitale de Xi'an. Ces soldats, de taille humaine, certains avec des chevaux, gardaient l'entrée de la tombe souterraine du premier empereur chinois, Qin Shi Huangdi, depuis 209 av. J.-C. Quand cette armée modèle fut mise à jour, elle était peinte de couleurs vives, mais les pigments ont pâli au contact de l'air. Aujourd'hui ce site est un des hauts lieux du tourisme chinois.

Chefs-d'œuvre de porcelaine
Sous la dynastie Ming (1368-1644) l'artisanat a connu un développement sans précédent. Des vases somptueux ont été exportés jusqu'en Europe. Les empereurs Ming ont établi leur capitale à Pékin (Beijing, en chinois). La puissance chinoise atteint alors son apogée.

Histoire

Peinture sur soie représentant Kubilay Khan au cours d'une partie de chasse

Un guerrier mongol
Au XIIIe siècle, la Chine a été conquise par les Mongols venus du nord. L'empereur guerrier Kubilay Khan contrôlait un empire s'étendant de l'Europe à la Chine. Il a fondé la dynastie des Yuan, qui a gouverné de 1279 à 1368.

Un vice dangereux

L'opium, drogue dérivée du pavot, a fait des ravages en Chine sous la dynastie Qing. On le mélangeait en général à du tabac dans de longues pipes qu'on fumait en buvant du thé. Il venait en grande partie d'Inde et était fourni par l'Angleterre, qui a connu deux guerres avec la Chine au XIXe siècle, quand celle-ci a essayé d'en interdire l'importation.

Le tuyau de la pipe est en bambou.

Une pipe à opium ancienne

Puyi, empereur de la Mandchourie japonaise, vers 1940

Le dernier empereur

Puyi a commencé sa vie extraordinaire en tant que fils vénéré d'un empereur. Il fut le dernier représentant de la dynastie Ming qui était au pouvoir depuis 1644. Puyi a hérité du trône en 1908, alors qu'il était encore un bébé. Quatre ans plus tard, la Chine devenait une république et il dut abdiquer. La Chine impériale était morte. Pendant les années 1930 le Japon a occupé la Mandchourie, dans le nord-est de la Chine et restauré Puyi comme « empereur ». Après la défaite du Japon en 1945, il a été emprisonné par le parti communiste, puis relâché pour vivre une vie de citoyen ordinaire.

La Grande Muraille de Chine

Au IIIe siècle av. J.-C., les empereurs Quin ont commencé à construire une immense muraille de pierre pour empêcher la contrebande. Les dynasties suivantes, notamment celle des Ming, ont élevé d'autres murs dans le nord, pour se protéger des tribus nomades de Mongolie. Les dernières pierres ont été posées au XVIIe siècle. Cette fortification serpente sur 2 414 km du désert de l'ouest à l'océan. C'est la plus grande construction humaine du monde.

Tours de guet à intervalles réguliers

GUERRE ET RÉVOLUTION

L'ATTAQUE SUR NANKIN
L'aviation japonaise a bombardé Nankin en 1937, pendant la guerre sino-japonaise de 1937-1945. Les troupes japonaises ont pillé la ville et tué des milliers de civils chinois. Mais la Chine a reconstitué son armée et avec le soutien des États-Unis, a finalement gagné la guerre.

Après 1912 et la fin de l'époque impériale, la Chine s'est déchirée. La nouvelle république était faible et de nombreux groupes luttaient pour s'emparer du pouvoir. Parmi eux, les seigneurs de la guerre, le parti communiste et le parti nationaliste ou Kuomintang. En 1937, ces groupes se sont unis pour lutter contre le plus grand ennemi de la Chine, le Japon, mais après leur victoire en 1945, la guerre civile a repris. Finalement, les troupes communistes ont battu la résistance nationaliste, dont les chefs se sont enfuis vers Taïwan pour établir un gouvernement concurrent. En 1949, Mao Zedong a créé la République de Chine sur le continent, et entamé une révolution qui a duré vingt-cinq ans. Il a interdit la religion, proscrit l'enrichissement personnel, et s'est attaqué aux anciennes méthodes d'agriculture, d'éducation et de commerce. Un nouveau type d'État a émergé, basé sur le communisme et le règne de la terreur.

LE CHEF RÉVOLUTIONNAIRE
Mao Zedong (connu aussi sous le nom de Mao Tsé-Toung, 1893-1976) a bouleversé la Chine pour appliquer sa vision du communisme. Entre 1958 et 1961, sa politique a provoqué la famine et la mort d'au moins 30 millions de personnes.

Révolution chinoise

Le livre est assez petit pour tenir dans une poche de chemise.

LE PETIT LIVRE ROUGE
Des extraits des écrits et des discours de Mao ont été publiés en 1964 dans un livre de poche appelé le *Petit Livre rouge*, destiné à expliquer comment devenir un bon citoyen de la Chine communiste. Pendant la Révolution culturelle, les gens étaient obligés de l'avoir toujours sur eux et de l'étudier à l'école et au travail. Environ 900 millions d'exemplaires en ont été imprimés, plus qu'aucun autre livre au monde, mise à part la Bible.

LA RÉVOLUTION CULTURELLE
De 1965 à la mort de Mao en 1976, le parti communiste chinois a entamé une lutte contre les anciens modes de vie. Les professeurs d'université, les écrivains, les chefs d'entreprise, les membres du gouvernement qui manifestaient leur désaccord avec la Révolution, étaient punis comme des traîtres. De nombreux étudiants sont devenus ce qu'on a appelé des Gardes rouges, qui parcouraient le pays pour arrêter et condamner les ennemis supposés de Mao.

« Une révolution n'est pas une partie de plaisir ni l'écriture d'un livre... c'est un acte de violence... au cours duquel une classe renverse l'autre. »

MAO ZEDONG, MARS 1927

Mao représenté dans des vêtements décontractés, comme un homme du peuple

LES COMMUNES POPULAIRES
Mao a confisqué les terres des propriétaires privés et les a distribuées au peuple. Il a organisé la campagne en communes, chacune composée de quelques milliers de familles. Une commune partageait tout, les cultures, les salles de repas, l'école et même les meubles. Rien n'appartenait à personne en propre. Cette scène imaginaire montre des ouvriers heureux d'accueillir Mao. En réalité cette politique a été un désastre pour la Chine. Les moissons ont été perdues, des millions de personnes ont souffert de la faim, et la société traditionnelle s'est effondrée.

LA NAISSANCE DE LA CHINE MODERNE
Deng Xiaoping, ici sur l'affiche, était le principal chef communiste en Chine, de la fin des années 1970 au début des années 1990. Il a annulé de nombreuses mesures politiques prises par Mao et encouragé le peuple à créer ses propres entreprises, et à commercer. Sous Deng, la Chine est devenue une des économies à la croissance la plus rapide.

LE REBELLE INCONNU
Un manifestant solitaire a courageusement arrêté les tanks du gouvernement chinois, dans une rue de Pékin, en juin 1989. Ce jeune homme faisait partie d'un mouvement étudiant qui réclamait des changements politiques et économiques depuis des semaines.
D'avril à mai 1989, des foules de manifestants se réunissaient régulièrement sur la place Tian'anmen, à Pékin. Le 4 juin, comme ils refusaient de partir, l'armée a reçu l'ordre d'ouvrir le feu. Des centaines de personnes ont été tuées et des milliers ont été blessées. Les informations sur les événements de 1989 sont depuis censurées dans les médias chinois.

LA PASSATION DE POUVOIR DE HONGKONG
La Chine a repris le contrôle de Hongkong au cours de la cérémonie du 30 juin 1997, après plus de 150 ans de domination britannique. En 1840, les Britanniques s'étaient emparés de l'île alors que l'empire chinois était en déclin et cerné d'ennemis. Plus tard, les officiels chinois avaient signé un traité laissant la Grande-Bretagne diriger Hongkong jusqu'en 1997. Depuis la passation de pouvoir, Hongkong est une région semi-indépendante, avec un système juridique et économique autonome.

L'ÉCRITURE

L'écriture chinoise utilise des symboles et non les lettres d'un alphabet. Certains de ces caractères sont composés d'éléments distincts. Par exemple, le caractère pour « brillant » (ci-dessus) combine les symboles de deux choses brillantes : la « lune » et le « soleil ».

LA LANGUE CHINOISE

Le chinois est la langue la plus parlée au monde. C'est une grande famille de milliers de dialectes et d'accents. Le mandarin est la langue nationale, enseignée à l'école et parlée à la télévision et à la radio. Mais dans chaque province et même dans chaque ville et village, les gens parlent leur propre dialecte. Certains sont si différents que beaucoup de gens à travers le pays ne se comprennent pas et doivent utiliser le mandarin. Les caractères chinois sont issus d'un des plus anciens systèmes d'écriture. Un dictionnaire chinois contient jusqu'à 56 000 caractères, et les Chinois ont besoin d'en connaître environ 6 000 pour lire un livre.

LES ENSEIGNES DE HONGKONG

La petite île de Hongkong était autrefois une colonie et a conservé les anciens caractères, comme on peut le voir sur ces néons. Ses habitants parlent un dialecte, le cantonais, et la plupart n'ont commencé à apprendre le mandarin qu'après le retour de Hongkong à la Chine, en 1997.

DEUX STYLES D'ÉCRITURE

Voici les caractères simplifiés et traditionnels pour « nuage ». Les caractères chinois se sont adaptés avec le temps, et en 1964 le gouvernement a achevé un programme de simplification de l'écriture chinoise. Les habitants de Hongkong, de Macao et de Taïwan se servent toujours des caractères anciens.

L'ÉCRITURE DE MAO

Le titre du journal *People's Daily* utilise une famille de caractères basée sur l'écriture manuscrite de Mao. Sa calligraphie a été plus répandue que celle de tout autre leader chinois. Avec de l'expérience, on dit qu'il est possible d'interpréter la personnalité et les goûts d'une personne d'après le style de sa calligraphie.

LE PICTOGRAMME POUR KEBAB

Le néon suspendu à ce kiosque représente le caractère chinois *chuan*, qui signifie « kebab ». Ce type de caractère est appelé un pictogramme parce qu'il s'agit d'un dessin évoquant la chose qu'il représente. Environ 600 caractères chinois sont des pictogrammes.

UN CALLIGRAPHE AU TRAVAIL

La calligraphie est un style d'écriture manuscrite très élaboré et fluide qui demande de la concentration et l'utilisation de stylos et de pinceaux de différentes formes et tailles. C'est une coutume en Chine que d'offrir une belle calligraphie. Ce maître calligraphe trace des caractères signifiant des souhaits de bonne chance, qu'il vendra à son étal. Un des plus célèbres caractères est *fu*, qui veut dire « chanceux », que de nombreux Chinois apposent sur le pas de leur porte.

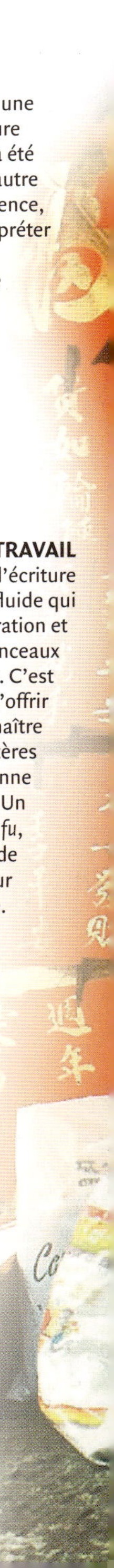

Écriture

Encrier

Bâtonnet d'encre

Pinceau en poils de chèvre

PINCEAUX ET ENCRIER

Les calligraphes se servent d'encre, d'un encrier, d'un pinceau et de papier. En Chine, ils sont traditionnellement connus comme les « quatre trésors du cabinet de travail ». L'encre chinoise est faite d'une combinaison de noir de fumée et de colle. Elle est moulée en blocs solides appelés bâtonnets encreurs, puis mélangée à l'eau dans l'encrier.

Écriture arabe

Écriture chinoise

Écriture ouïgour

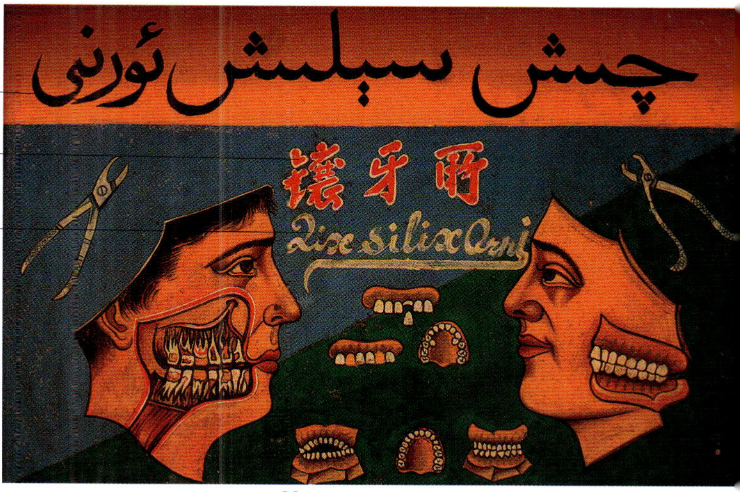

UN PAYS, DE NOMBREUSES LANGUES

Cette enseigne de dentiste est écrite en trois langues : en arabe, en une forme ancienne d'ouïgour et en chinois. Elle vient d'une région musulmane de la Chine, la province de Xinjiang, où la population est en grande partie ouïgour, une des 55 minorités ethniques officiellement reconnues en Chine. Chaque ethnie a sa propre langue.

Caractère pour « chanceux »

LE DRAPEAU CHINOIS
Ce drapeau a été conçu en 1949, après l'arrivée au pouvoir du parti communiste. Le fond rouge symbolise le sang versé par les victimes mortes pendant la guerre civile et qui ont défendu la Chine de l'invasion japonaise. La grande étoile jaune signifie le chef du Parti, et les quatre petites étoiles représentent les quatre classes de la société.

LA CITOYENNETÉ

La citoyenneté chinoise est centrée autour de l'idée que toute personne fait partie d'une grande famille ou *tongbao*, qui signifie « mêmes cellules ». Les Chinois parlent souvent de leur profond amour pour leur terre natale, et leur idéal culturel de l'harmonie suggère que les gens doivent avoir pour but de vivre ensemble dans la joie plutôt que de chercher leur bonheur personnel.

Les Chinois perçoivent les menaces à leur stabilité, comme venant davantage de l'extérieur que de l'intérieur. Ce désir de stabilité sociale peut dépasser les droits individuels. Par exemple, les travailleurs émigrés dans les villes ne bénéficient pas de tous les droits mais ne peuvent pas se permettre de se plaindre. Si les gens pensent que leurs droits en tant que citoyens ne sont pas respectés, ils peuvent organiser des manifestations. De nombreux Chinois pensent que la modernisation de leur pays passe par l'économie. Leurs enfants, plus tard, connaîtront la liberté.

UNE DISCUSSION À LA MAISON DE THÉ
Un maison de thé est un endroit populaire. Des gens de tous âges s'y rencontrent pour discuter, papoter et échanger des nouvelles au-dessus d'un bol de thé (à droite). Ces réseaux personnels sont fiables. Les informations y circulent rapidement, au contraire de celles qui passent par les institutions officielles.

LA PLACE TIAN'ANMEN
Située au cœur de Pékin, la place Tian'anmen est la plus grande place au monde. Elle peut contenir un million de personnes. *Tian'anmen* signifie « recevoir un mandat du Ciel et stabiliser la dynastie ». Cette place représentait le centre politique de la Chine à l'époque impériale ; aujourd'hui, elle est un des sites touristiques les plus visités par les Chinois comme par les étrangers.

La puissance militaire

L'Armée Populaire de Libération (APL), avec ses 2,25 millions de recrues, est la plus grande force militaire au monde. Elle est constituée d'une armée de terre, d'une marine, d'une armée de l'air et d'un corps nucléaire stratégique. L'APL organise d'immenses défilés pour montrer la puissance du gouvernement chinois et sa capacité à défendre le pays en cas d'attaque.

L'achat d'actions

Tous les jours, des millions d'actions changent de mains à la Bourse chinoise. À la suite des réformes économiques de Deng Xiaoping en 1989, nombreux sont ceux qui ont considéré l'enrichissement comme un accès à une plus grande liberté personnelle. Leur pouvoir d'achat augmentant, les Chinois se sont sentis capables de faire davantage de choix dans leur vie.

@ Vie sociale

Femmes tibétaines costumées pour une séance photo pour promouvoir les élections

Les élections dans les villages

Ces femmes, de la province de Qinghai au nord-ouest de la Chine, votent pour élire les dirigeants de leur village. Ces élections sont seulement locales, personne ne vote pour des dirigeants nationaux. Parfois, des officiels agissent sur les votes en réduisant le nombre de candidats, en faisant pression sur les électeurs ou en manipulant le système de vote. Dans de nombreux villages, pourtant, les choses se passent de manière régulière.

La célébration de la fête nationale

Des centaines de milliers de personnes se réunissent sur la place Tian'anmen à Pékin lors de la Fête nationale (1er octobre) pour célébrer l'anniversaire de la création de la République Populaire de Chine. Des défilés et des feux d'artifice sont organisés et nombreux sont ceux qui agitent des drapeaux chinois. Tout le monde a droit à une semaine de vacances pour fêter cet événement et de nombreux provinciaux en profitent pour venir dans leur capitale.

Slogan du parti communiste

Les manifestations pour la démocratie

Chaque année, le 1er juillet, les Hongkongais organisent des manifestations pro-démocratiques. Depuis que la ville est redevenue chinoise, en 1997, ils ont témoigné de leur attachement à la démocratie et à la liberté d'expression, héritées de la période de domination britannique.

LES CHANGEMENTS DE LA MODE

Au cours de la période impériale, les robes raffinées étaient un signe de haut rang et de bon goût, tandis que les gens ordinaires portaient des vêtements simples dans des tissus grossiers. Après son arrivée au pouvoir, le parti communiste a décidé que tout le monde, du fermier au dirigeant, devait porter les mêmes vêtements. Aujourd'hui, on peut porter ce que l'on veut. La plupart préfèrent le style occidental. Les vêtements traditionnels de l'ancienne Chine sont devenus très chers, mais les minorités ethniques continuent de fabriquer à la main leurs propres vêtements.

UNE ROBE IMPÉRIALE
Cette robe en soie brodée a été fabriquée au XIXe siècle, pendant la dernière décennie de la dynastie Qing. Sous le règne des empereurs, la soie n'était portée que par les membres de la cour et les puissants, pour montrer l'importance de leur rang.

LES COSTUMES DE GUIZHOU
Chaque groupe ethnique possède son style de vêtements et de parures. Aujourd'hui ces tenues sont surtout arborées dans les fêtes et les occasions importantes, mais certains les portent pour maintenir leur identité locale. Dans la province de Guizhou, les femmes Miao cousent de magnifiques lés brodés sur les robes. Plus les motifs sont raffinés, plus grandes sont les chances pour la jeune fille de faire un beau mariage.

UN DÉFILÉ DE MODE
Cette magnifique robe a été créée pour un défilé à Hongkong. Acheter des vêtements chers et assister à des défilés de mode devient de plus en plus populaire auprès d'un nombre croissant de gens riches. Les grands stylistes mélangent les tissus, les motifs et les techniques chinois aux styles occidentaux.

Un symbole de modernité

Les vestes occidentales ont remplacé les costumes Mao pour la tenue de travail en Chine, même sur les chantiers de construction. Les costumes sont abordables car ils sont fabriqués en série dans des usines chinoises, et sont le symbole de la nouvelle culture économique du pays.

Brouette chargée d'outils et de matériel de construction

Le bleu de travail a fait place à la veste.

Vêtement

« Aujourd'hui, les vêtements des jeunes sont fabriqués de façon industrielle. Ils ne veulent plus le costume traditionnel. »

Anonyme, une tisseuse de la province du Yunnan, 1997

La culture des jeunes

Plus que des musiques, le rock et le punk sont des modes de vie. Leurs fans se mettent à l'écart de la société et de la politique chinoises. C'est pourquoi le gouvernement se méfie d'eux. Cette culture d'avant-garde est vibrante, rebelle et prompte à adopter de nouvelles tendances.

Le costume Mao

Le célèbre uniforme bleu de Mao – le costume Mao – était autrefois porté par la majorité des Chinois et des Chinoises. En dépit de son nom, il n'a pas été inventé par Mao Zedong, mais par Sun Yat-sen, le premier dirigeant de la République en 1911. Il voulait se débarrasser du style des vêtements impériaux et moderniser le pays. Inspiré d'une mode japonaise, cet uniforme était conçu pour être confortable, simple et bon marché. Aujourd'hui, les costumes Mao sont surtout portés par les personnes âgées.

Casquette à visière assortie

Veste boutonnée faite dans un coton solide

Des vêtements pratiques

Dans la campagne chinoise, la plupart n'ont pas les moyens de s'offrir des vêtements chers. Ils s'habillent simplement, avec des tenues qui les protégeront du froid en hiver et ne leur tiendront pas trop chaud l'été. Comme ces chapeaux de paille contre le soleil et la pluie. De nombreuses femmes couvrent les manches de leurs vêtements, comme celles que l'on voit sur cette photo, pour les garder propres quand elles travaillent aux champs ou à l'usine.

DES « HUTONGS » ET DES TOURS

Des ruelles appelées *hutongs* sillonnaient autrefois Pékin. Elles existent toujours dans les vieux quartiers de la ville. Elles sont bordées de chaque côté par les murs extérieurs des cours des maisons à un étage. Cuisine, élevage de pigeons, jeux d'échecs, bains et bien d'autres activités sociales et domestiques s'y déroulent. Pékin se développe à grande vitesse, et depuis 1990, de nombreux *hutongs* ont été démolis pour faire place à des rues plus larges et à des tours d'immeubles. Certains apprécient l'intimité et le confort d'un appartement moderne, mais d'autres regrettent la vie en communauté.

CHAI
Ce caractère chinois signifie « démolition ». Il est utilisé sur les murs des *hutongs* qui vont être démolis pour faire place à de nouveaux immeubles.

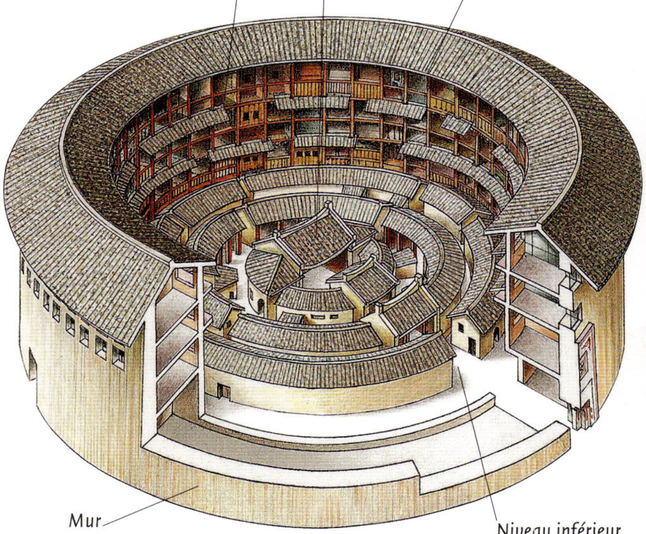

LA MAISON RONDE
De nombreuses habitations régionales sont encore occupées aujourd'hui. Dans la province de Fujian, les Hakkas construisent des maisons circulaires appelées *tulou*, depuis le XVIIe siècle. Leurs murs épais en terre, sans ouvertures aux étages inférieurs, leur permettaient autrefois de se défendre. Le rez-de-chaussée, sans cloison, peut être partagé par plusieurs centaines d'habitants.

LES MAISONS TRADITIONNELLES
Située à l'ombre du quartier d'affaires de Shanghai, cette petite rue abrite une communauté très unie. Aujourd'hui, beaucoup moins de citadins qu'avant vivent dans des dédales de ruelles comme ceux-ci, et les nouveaux immeubles qui les ont remplacés sont conçus de manière très rationnelle. Les logements traditionnels disparaissent à vive allure de nombreuses villes chinoises.

UN HABITAT SURPEUPLÉ
Plusieurs familles vivent souvent les unes sur les autres dans la même cour. Chaque maison des *hutongs* de Pékin appartenait autrefois à une seule famille, mais à la fin des années 1950, le régime communiste chinois a commencé à imposer l'habitat communautaire, et les gens ont dû partager leur domicile.

LE MARCHÉ IMMOBILIER
La silhouette des nouvelles villes chinoises est dominée par des ensembles de tours modernes. De nombreux appartements sont vendus dans des salons de l'immobilier à des investisseurs qui les louent ensuite à des saisonniers ou à des étrangers.

LES MAISONS AVEC COUR
Les nobles et les hauts dignitaires possédaient de grandes maisons avec cour, jusqu'à ce que le gouvernement communiste mette toutes les propriétés privés sous le contrôle de l'état dans les années 1960. Aujourd'hui, de vieilles familles de l'aristocratie tentent de récupérer leurs maisons.

HABITER DANS DES GROTTES
Les grottes sont fraîches en été et chaudes en hiver et elles ne coûtent rien. C'est donc ici que vivent de nombreux pauvres dans les régions sèches du nord-ouest de la Chine.

Habitation

LES VILLES D'EAU
Une partie de la Chine de l'Est est connue sous le nom de « Venise de l'Est » parce qu'elle est constituée de nombreuses petites villes construites le long des voies navigables. Quelques anciennes rues qui bordaient les canaux ont été préservées, comme ici à Suzhou. Certaines ont été reconstruites dans le style traditionnel, attirant les touristes de tout le pays.

Bienvenue à la maison

Comme dans beaucoup d'autres pays, la maison en Chine est l'endroit où la famille se retrouve, un refuge contre le monde extérieur. Ses membres sont proches les uns des autres, partageant souvent les mêmes pièces et parfois les mêmes lits, et de nombreux parents plus âgés vivent avec leurs enfants et petits-enfants. Trouver le calme dans de telles conditions est un art que les Chinois considèrent comme important. Ils sont très fiers de leur maison et ils font le ménage de fond en comble pour qu'elle soit belle pour la fête du Nouvel an. Faire le ménage est une façon d'éloigner les mauvais esprits et de préparer la maison à accueillir la chance. Certaines familles repeignent portes et fenêtres en rouge, couleur qui attire la chance. De nombreux intérieurs sont aménagés selon les principes du *Feng Shui* qui visent à favoriser l'harmonie entre les gens et l' « énergie naturelle » de leur environnement, mêlant idées mystiques et conseils pratiques, en particulier sur l'emplacement des meubles.

LE CHAUFFAGE CENTRAL
Les vieilles fermes chinoises, notamment dans le nord du pays, ont un banc appelée *kang* contre le mur de la pièce principale. Cette maison en possède deux sur lesquels toute la famille dort. Dans la base en brique se trouve un espace vide où circule de l'air chaud venant d'un poêle. Les briques restent chaudes toute la nuit, même si le feu s'éteint. Le jour, le *kang* sert de table ou de canapé et constitue le cœur de la maison.

Le diagramme Feng Shui

LE CONSULTANT EN « FENG SHUI »
Quand les Chinois achètent une nouvelle maison, ils font parfois appel à un expert en *Feng Shui* pour s'assurer qu'elle est bien située et les aider à en concevoir le plan. Le consultant utilise des instruments comme ce diagramme circulaire ou *bagua* qui mesure les flux de « bonne énergie » autour du nouveau domicile.

UN DOUX CHEZ-SOI
Ce couple de Pékin est représentatif des jeunes familles chinoises. Il partage deux petites pièces avec leur fille, et tous mangent, dorment, s'habillent, regardent la télévision et étudient dans la même pièce. Malgré le manque de place, les parents ont un emploi sûr et peuvent donc donner la priorité à leur enfant en lui achetant un ordinateur, des livres et des jouets.

Thermos d'eau chaude

Motif floral traditionnel

Boissons chaudes

Il n'y a pas longtemps, on trouvait un thermos dans chaque foyer chinois. On faisait bouillir de l'eau dans un *wok*. Grâce au thermos, elle restait assez chaude pour que chacun puisse se servir des tasses de thé toute la journée. Le thermos était un signe d'accès à la modernité et un cadeau de mariage apprécié. Aujourd'hui la bouilloire électrique tend à le remplacer.

Le jeu du soir

Tous les soirs, des millions de parties de *mah-jong* sont jouées dans les maisons chinoises, en particulier avec des amis venus pour le week-end. C'est un jeu de chance et d'adresse pour quatre joueurs, avec des règles complexes, semblables à celles du bridge. Le *mah-jong* est fait de petits dominos qui appartiennent à trois suites (Bambous, Cercles et Caractères) et le but est de constituer des ensembles complets. Il y aussi des dominos spéciaux, comme le Vent, le Dragon et les Fleurs, qui décident du cours du jeu.

Les pièces de mah-jong sont généralement faites en plastique ou en marbre.

Couvrir ses pieds

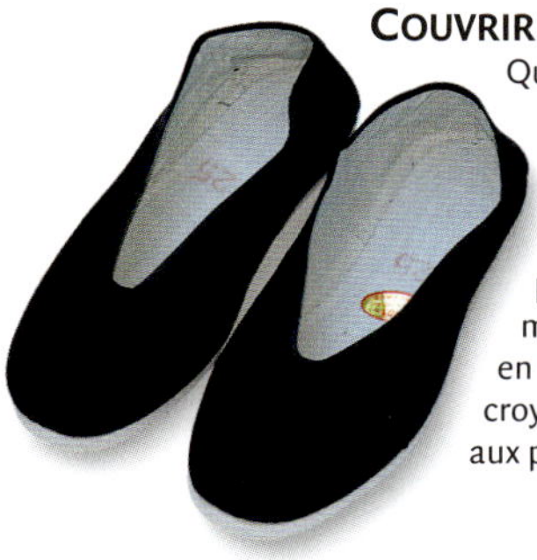

Quand les gens entrent dans une maison chinoise, ils enlèvent toujours leurs chaussures pour mettre des chaussons, des tongs ou des espadrilles. Personne ne marche pieds nus à l'intérieur. La plupart des maisons ont du carrelage ou des sols en terre qui sont froids au toucher. Une croyance veut aussi que si vous avez froid aux pieds, vous tombez malade.

Des chaussons sont offerts aux invités à leur arrivée.

Un chien pékinois, une race originaire de Pékin

Le meilleur ami de l'homme

Les chiens ont été interdits en Chine pendant la Révolution culturelle des années 1960 et 1970, le parti communiste les considérant comme un luxe superflu. Aujourd'hui ils sont à nouveau à la mode. Les familles en ont un pour assurer leur sécurité ou juste pour le plaisir, et avoir des animaux avec un pedigree est un signe de réussite.

@ Habitation

La vaisselle est souvent faite dans une bassine posée sur le sol.

Un mobilier simple

Les familles pauvres en Chine ont peu de meubles à part quelques lits, une table, des chaises et des tabourets, et parfois une penderie ou un placard. Le bien le plus importante est sans doute un poêle en fonte ou en argile qui fonctionne au bois ou au charbon, et dont on se sert pour la cuisine et le chauffage de la maison. Les gens s'assoient par terre ou sur de petits tabourets pour cuisiner, faire la vaisselle ou la lessive. Ces tabourets sont souvent très beaux et anciens.

Le toit s'ouvre pour la ventilation.

Des portes et des fenêtres se trouvent parfois sur le côté.

Des maisons mobiles

Les minorités chinoises ont souvent leur propre type d'habitat. Les Mongols nomades vivent dans des tentes appelées yourtes ou *gers* (à gauche), faites en feutre ou en toile épaisse sur une structure de bois. Les *gers* sont confortables (ci-dessus), et permettent d'abriter une grande famille.

LE STADE NATIONAL DE PÉKIN
Voici un graphique fait par ordinateur du futur stade olympique à Pékin, qui pourra accueillir, en 2008, 100 000 spectateurs. En raison de sa structure d'acier, qui ressemble à des branchages entrelacés, il a été surnommé le « Nid d'oiseau ». De tels projets architecturaux sont le signe de la croissance économique de la Chine du XXIe siècle.

LES MÉGALOPOLES

C'est en Chine que se trouvent les villes qui se développent le plus vite au monde. Shanghai est la plus grande du pays et la huitième au monde, avec 14,5 millions d'habitants en 2005. La seconde est Pékin, suivie par Canton (Guangzhou), Shenzhen, Wuhan et Hongkong. La majorité des Chinois vit à la campagne, mais la situation est en train de changer, les pauvres migrant vers les villes pour trouver un emploi mieux payé. La moitié de la population du pays sera probablement citadine avant 2015. La rapide expansion des villes chinoises cause des problèmes, comme la pollution, la surpopulation ainsi que le manque d'eau et d'électricité.

LE SHANGHAI MODERNE
Vue aérienne de Shanghai. Un réseau de routes forme une spirale débouchant sur le pont Nanpu, qui traverse le fleuve Huangpu (en haut à gauche). Shanghai est la capitale commerciale, financière et industrielle de la Chine. Cette métropole ne s'est développée que dans les années 1860, où elle n'était encore qu'un paisible village de pêcheurs.

LA POLLUTION URBAINE

Vivre dans une ville chinoise est souvent malsain à cause de la pollution. L'air dans certaines cités est si pollué par les pots d'échappement et la fumée des usines que les cyclistes portent des masques. L'eau est également souillée par les déchets industriels et les eaux d'égouts non traitées qui se déversent dans les fleuves et les lacs. Les villes commencent à assainir leur environnement, en interdisant par exemple les vieilles voitures avec des pots d'échappement non homologués.

LES EMBOUTEILLAGES S'ALLONGENT

De longues et larges avenues traversent les villes. Elles étaient vides et calmes autrefois, mais aujourd'hui elles sont bruyantes et la circulation y est intense. Les Chinois sont plus nombreux à pouvoir s'offrir une voiture. Comme chez nous, il faut parfois une heure pour faire seulement quelques kilomètres.

LA PAUVRETÉ SE DÉVELOPPE

Avant les années 80, on voyait peu de mendiants dans les rues. Le régime communiste garantissait à tous un emploi et un toit et l'émigration était limitée. Aujourd'hui, la Chine ne contrôle pas aussi strictement son économie. Les villes sont plus riches grâce au nouveau système politique, mais les pauvres sont laissés à la rue sans aide de l'État et sont obligés de mendier.

L'étal d'un boucher ambulant

SE NOURRIR DANS LA RUE

Dans une ville chinoise, les vendeurs installent des stands aux coins des rues, dans les ruelles, sur les places et sous les ponts, partout où il y a de la place. On trouve toujours un vaste choix de produits frais, d'encas ou de délicieux plats cuisinés.

L'EXPLOSION DE LA CONSTRUCTION

Plus de cinquante villes hébergent plus d'un million de personnes chacune. Pour gérer cette surpopulation, les urbanistes ont construit en hauteur de façon à accueillir plus de logements et de bureaux dans une même zone urbaine. Les grands sites créent des dizaines de milliers d'emplois dans la construction, et nombreux sont ceux qui quittent la campagne pour un emploi précaire dans ce secteur. Les salaires sont plutôt bas, mais les travailleurs émigrés de l'intérieur gagnent plus d'argent qu'avant.

@ Ville

Nouvelles tours

Immeuble en construction

Vieilles maisons destinées à la démolition

SE DÉPLACER

Les gens circulent en Chine comme jamais auparavant. Jusque dans les années 1990, il était difficile de faire de longs voyages. Le gouvernement limitait la destination et la fréquence des déplacements et de nombreux Chinois n'avaient jamais quitté leur ville ou leur village. Aujourd'hui, de plus en plus de gens circulent dans le pays en bus ou en train, pour trouver du travail, aller à l'université ou partir en vacances. Dans les villes, des millions de banlieusards achètent des voitures à la place des vélos. L'avion – autrefois un rêve pour la majorité des Chinois – est également en pleine expansion. Pour gérer la demande, le gouvernement prévoit de construire tous les ans de nouvelles autoroutes et des aéroports.

CIRCULER SUR LES FLEUVES
Dans les provinces de l'intérieur, les Chinois prennent souvent un bateau taxi pour aller travailler. Le transport des marchandises par bateau sur les fleuves et les canaux représente dix pour cent du transport global, particulièrement dans les régions reculées du centre et du sud du pays.

UN PARKING À VÉLOS
Il y a tellement de vélos dans les villes qu'il n'y a pas de place pour se garer sur les trottoirs. Les banlieusards doivent donc payer un parking. Certaines villes ont interdit le vélo dans les rues principales pour faciliter la circulation, ce qui crée davantage de pollution.

LA LIBERTÉ DE DÉPLACEMENT
Le réseau des trains et des bus est important en Chine et les tarifs sont bon marché. Sous le régime communiste, les déplacements étaient strictement contrôlés. Les gens ne pouvaient pas acheter un billet comme ils le souhaitaient. Ils devaient obtenir une lettre de leur employeur les autorisant à partir, puis demander l'accord de l'administration locale. Ils ne pouvaient pas loger à l'hôtel sans autorisation et les voyages à l'étranger étaient presque impossibles. Aujourd'hui ces mesures ont été levées pour favoriser la croissance du pays.

Reçu de péage

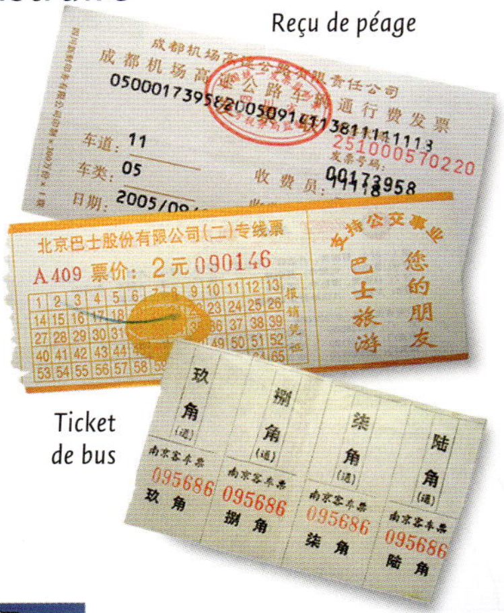

Ticket de bus

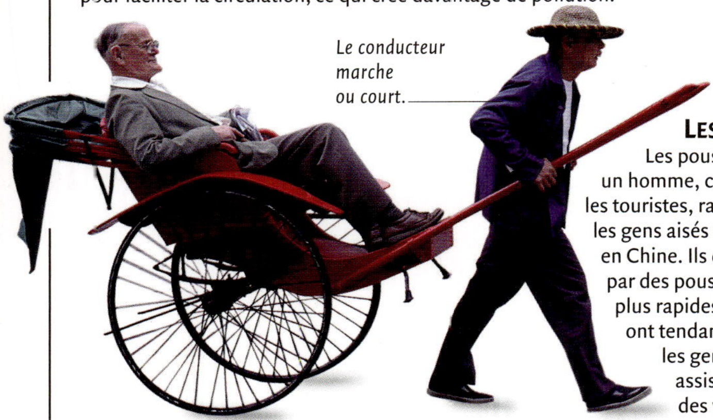

Le conducteur marche ou court.

LES POUSSE-POUSSE
Les pousse-pousse tirés par un homme, comme celui-ci pour les touristes, rappellent la façon dont les gens aisés voyageaient autrefois en Chine. Ils ont été remplacés par des pousse-pousse à vélo plus rapides, mais ceux-là aussi ont tendance à disparaître car les gens n'aiment pas rester assis au milieu des fumées des voitures.

LES PANNEAUX
Les panneaux routiers en Chine sont écrits dans la langue écrite officielle, le mandarin. C'est pourquoi les gens de toutes les régions peuvent les lire, quel que soit leur dialecte. Pour aider les visiteurs étrangers, certains signes sont traduits en pinyin, avec les lettres de l'alphabet latin.

L'AÉROPORT DE CHEK LAP KOK
L'aéroport international de Hongkong est un des plus fréquentés au monde. Un avion décolle ou atterrit chaque minute. Il a été construit sur une grande île conquise sur la mer et il est considéré comme l'un des plus grands exploits d'ingénierie du XXe siècle.

Une voiture de sport de la société chinoise Geely

FOUS DE VOITURES

Ce mannequin porte un costume traditionnel de l'opéra de Pékin, lors d'un des plus gigantesques salons de l'automobile de Chine. Ce salon attire des milliers de visiteurs. On vend plus de voitures en Chine que nulle part ailleurs, excepté au Japon et aux États-Unis. Une des raisons pour lesquelles les Chinois aiment tant les voitures est que sous le régime communiste, personne n'avait le droit d'en acheter. La première voiture privée a roulé en 1984.

@ Transports

LE TRAM DE HONGKONG

Les trams circulent à Hongkong depuis 1904, quand l'île était une colonie britannique. Un siècle plus tard, Hongkong possède un métro rapide et moderne, mais les vieux trams à impériale restent très populaires.

LE TRANSPORT DU FUTUR ?

Le train Maglev de Shanghai (ci-dessous) atteint une vitesse de pointe de 431 km/h, ce qui en fait le train le plus rapide du monde. Maglev est le diminutif de « Magnetic Levitation ». De puissants aimants permettent à ce train sans roues de glisser à quelques millimètres au-dessus du rail. La force magnétique est contrôlée par des ordinateurs qui permettent de propulser le train à des vitesses très élevées. Les trains Maglev ont été conçus en Allemagne et en Angleterre, mais en 2004, la Chine a été le premier pays à l'utiliser pour les transports publics. La ligne Maglev à Shanghai n'a que 30,5 km de long et a été très chère à construire, et il n'est donc pas certain que cette technologie remplace un jour les trains ordinaires.

LE CHAOS DANS LES TRANSPORTS

Chaque printemps, dans les jours qui précèdent le Nouvel an chinois, plus de 140 millions de Chinois prennent le train ou l'avion pour venir célébrer cette fête dans leur famille. C'est le plus grand mouvement migratoire au monde. Les gares sont envahies de foules impatientes. Nombreux sont ceux qui ne sont pas rentrés chez eux depuis des mois. Après les fêtes, le chaos recommence dans l'autre sens.

L'ÉLECTRONIQUE
La plupart de nos gadgets électroniques, comme ce lecteur MP3, ainsi que les ordinateurs, les téléviseurs, les lecteurs DVD, les téléphones portables et les appareils photo numériques, sont fabriqués en Chine.

FABRIQUÉ EN CHINE

Au XVIIe siècle, des flottes de bateaux transportaient de la porcelaine fabriquée en série vers l'Europe, et durant presque toute son histoire récente, la Chine a été un des principaux pays exportateurs. Mais sous le régime communiste, ses usines étaient dépassées et peu productives. En 1978, la Chine a enfin commencé à les moderniser et le commerce avec les autres pays a rapidement progressé. Aujourd'hui, elle est un grand pays industriel et on la surnomme « l'atelier du monde ». De plus en plus de personnes ont quitté l'agriculture pour travailler dans l'industrie, ce qui a permis de sortir des millions de Chinois de la pauvreté. En 1992, le pays s'élevait au rang de troisième puissance économique au monde. Elle pourrait atteindre la deuxième place en 2015 et dépasser les États-Unis au milieu de notre siècle.

UN CARGO EN MOUVEMENT
Le port de Hongkong est un des plus grands du monde. C'est ici que se croisent plusieurs voies commerciales de l'océan Pacifique. Ce port sert de porte d'entrée aux cargos de et vers la Chine et d'autres pays d'Asie. Nuit et jour, des milliers de conteneurs remplis de produits divers, des tee-shirts aux téléviseurs, passent par ce port.

Bras de soudure robotisé

UNE CHAÎNE DE MONTAGE AUTOMATISÉE
Ces robots industriels sont en train de souder la carrosserie d'une voiture dans une usine de Pékin. Depuis 2002, le gouvernement chinois encourage les entreprises étrangères à investir dans des usines de construction de voitures. Certaines, parmi les plus modernes du pays, appartiennent maintenant aux Chinois en association avec des compagnies d'Europe, d'Amérique du Nord, de Corée du Sud ou du Japon.

Bicyclettes vieilles ou cassées partant au recyclage

LA DEMANDE EN MATIÈRES PREMIÈRES

Le recyclage procure un précieux supplément de matières premières aux usines chinoises. Par exemple, le métal contenu dans ce camion transportant un chargement de vélos va être traité et réutilisé pour la fabrication de produits neufs. La Chine recycle aussi le plastique, le verre, le papier et le carton en provenance d'Amérique du Nord ou d'Europe.

Rouleaux de tôle d'acier prêts à être exportés par bateau

L'INDUSTRIE LOURDE

La Chine est le plus grand producteur et exportateur d'acier. Des millions de personnes travaillent dans ce secteur, particulièrement dans le centre industriel de Dongbei, au nord-est du pays. Certaines usines emploient des villes entières. L'acier est utilisé dans la construction, pour la fabrication de voitures et de camions, ainsi que dans l'industrie navale.

Économie

Vue d'une usine appartenant à la Beijing Automobile Industry Corporation (BAIC) et à la Hyundai de Corée du Sud

Chaque chaussure est terminée à la main.

LES « SWEATSHOPS » OU ATELIERS À SUEUR

Les lieux de travail chinois varient du petit atelier aux excellentes conditions de travail aux « sweatshops » bondés et insalubres. La plupart des employés de ces usines de misère sont des femmes âgées de moins de trente ans. Elles restent à leurs postes durant de longues périodes à fabriquer des articles comme des chaussures bon marché, des vêtements ou des jouets.

LA CANTINE D'USINE

Les usines fournissent souvent à leur personnel les repas et le logement. Les travailleurs immigrés de l'intérieur, dont les domiciles sont trop éloignés, dorment sur place, dans des dortoirs. Les grandes usines sont comme des petites villes, et jusqu'à 200 000 personnes peuvent y vivre. Certains ouvriers peuvent être séparés de leur famille pendant un an, et ne retourner chez eux que pour les fêtes du Nouvel an.

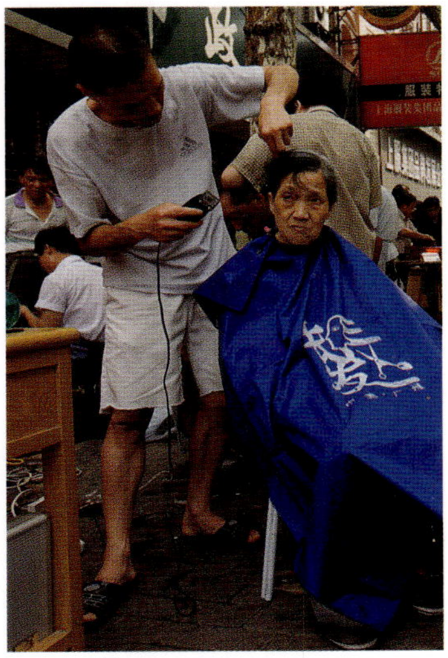

UN BARBIER DE RUE
Les gens combinent leur visite au marché avec d'autres courses, comme se faire couper les cheveux chez le barbier ambulant. Les marchés sont des lieux de rencontre pour les communautés locales et une occasion de papoter.

AU MARCHÉ

Tous les jours en Chine, sauf pendant les fêtes et les jours fériés, des milliers de marchés, tous différents, battent leur plein. Chacun reflète le caractère particulier de son environnement, de la culture et la production locales. De nombreux Chinois y vont tous les jours pour acheter des légumes frais et de la viande. On peut aussi y trouver toute une variété de produits pour la maison, des chaussons, des brosses à dents, des sacs, des woks, des plats et des casseroles. Les marchés spécialisés des grandes villes vendent de tout, des animaux domestiques, des tapis, des babioles, du matériel électrique... Ici, les prix sont rarement marqués et les clients négocient avec les vendeurs. Dans les zones rurales, les foires hebdomadaires sont le grand événement du village. Les habitants n'y vont pas seulement pour acheter, mais aussi pour voir du monde.

ANTIQUITÉS À VENDRE
Le marché aux antiquités de Panjiayuan à Pékin est le plus grand de Chine. Gens du pays et visiteurs étrangers y cherchent vaisselle, bijoux, artisanat ou mobilier. Tous marchandent, tous peuvent tomber sur des pièces de valeur comme sur de la camelote.

MARCHANDS SUR LE BORD DE LA ROUTE
Les marchands qui ont un étal payent une petite taxe au gouvernement local. De nombreux fermiers, comme ceux que l'on voit ici à Kalhgar dans l'ouest de la Chine, sont trop pauvres pour payer. Ils s'installent donc sur le bord des routes pour vendre leurs produits, souvent moins cher qu'au marché. Si la police les repère, ils risquent fort de se faire confisquer leurs marchandises.

LE MARCHÉ AUX ANIMAUX
La plupart des villes chinoises ont un marché séparé pour les fleurs et les animaux. Des oiseaux en cage, comme ces inséparables en provenance d'Afrique, vendus dans le centre de Shanghai, ont longtemps été les animaux les plus populaires de Chine. Les revenus des habitants augmentant, ils sont de plus en plus nombreux à choisir des chiens et des chats, des animaux exotiques comme des poissons d'aquarium, des lézards et des tortues. Les animaux domestiques sont une longue tradition en Chine. On a retrouvé des statues et des peintures représentant des chiens datant de la dynastie Han, et les oiseaux en cage chantaient des concerts sous la dynastie Tang.

LA CUISINE À LA VAPEUR
Cet étal est entouré de paniers de cuisson à la vapeur empilés et remplis de petits pains moelleux et épais. Le panier au premier plan est posé au dessus d'un wok rempli d'eau chaude. Des nuages de vapeur montent du wok et gardent la nourriture au chaud. C'est une façon saine de cuisiner, sans graisse ni huile. Les clients achètent cette cuisine simple dans la rue pour la manger sur place ou l'emporter chez eux.

DES SACS DE SAVEURS
Chaque marché a au moins un marchand qui vend des épices et des herbes. Celles-ci sont présentées sous forme de mélanges pour créer les Cinq saveurs de la cuisine chinoise : sucrée, acide, amère, épicée et salée. Elles relèvent le goût des plats et ont des qualités médicinales.

Vie quotidienne

Paniers de poires et de prunes

LES MARCHÉS DE NUIT
Les marchés sont le plus animés du milieu de la matinée au milieu de l'après-midi, mais certains restent ouverts tard la nuit. L'été, en particulier dans les régions chaudes et humides du sud du pays, de nombreux Chinois préfèrent faire leurs courses quand il fait plus frais. Dans un marché nocturne ou *yeshi*, l'air est rempli d'effluves de cuisine grillée au barbecue.

LA VIE AU VILLAGE

Le trajet entre une ville et un village isolé peut prendre un jour ou deux. Et quand vous arrivez, vous avez l'impression d'entrer dans un autre monde. Ici, tout le monde connaît tout le monde. Les gens sont presque tous des paysans et les charrues tirées par des ânes ou des bœufs sont plus fréquentes que les voitures. Les villageois ont conservé et adapté des façons de cuisiner, de cultiver la terre et de construire, vieilles de plusieurs milliers d'années. Dans certains de ces 900 000 villages, la vie n'a pas changé, mais nombreux sont ceux qui sont touchés par la rapide transformation des zones urbaines. Des millions de personnes quittent la communauté où elles sont nées pour travailler dans une ville, située souvent dans une autre province. Elles envoient de l'argent et des cadeaux pour aider leur famille et les enfants restés là-bas. Mais même quand la vie est dure, les villageois chinois sont réputés pour la chaleur de leur accueil et leur générosité.

RESTER EN CONTACT
Il reste des villages en Chine où les habitants continuent de partager un téléphone comme celui-ci, mais les communications tendent à s'améliorer. La plupart des paysans ont un téléphone portable, les nouveaux appartements sont conçus avec une ligne téléphonique, et de plus en plus d'écoles ont un accès Internet.

VIVRE AVEC DES ANIMAUX
Dans tous les villages, les poules picorent les restes de nourriture dans les cours et les ruelles en terre battue. La plupart des fermiers ont une pièce de plain-pied ou une arrière-cour pour les cochons. Les familles élèvent les animaux pour les vendre au marché, mais ils en gardent pour eux pour les fêtes ou les grandes occasions. Dans toute l'histoire du pays, les cochons ont été si importants comme source de revenu ou de nourriture que le caractère chinois pour « maison » représente un cochon surmonté d'un toit.

L'EAU EST PRÉCIEUSE
Les villageois ont besoin d'eau pour boire, se laver, effectuer les travaux ménagers, cultiver les champs et élever les animaux. Certaines zones rurales ne sont pas alimentées en eau, et les habitants ne peuvent pas se contenter de tourner un robinet pour y avoir accès. Comme cette femme, ils doivent aller chercher l'eau au puits du village. Environ 70 % des rivières et des fleuves de Chine sont pollués par les produits chimiques et les usines, et de nombreux villages dépendent de puits profonds.

Responsable d'un village prenant la parole lors d'une réunion

LE GOUVERNEMENT LOCAL
Les villageois élisent leur chef, mais le gouvernement choisit les autres responsables. Ils prennent d'importantes décisions, comme celle des cultures qu'ils veulent développer, et organisent parfois des réunions dans l'école ou sur la place principale pour discuter des affaires locales.

LE VILLAGE TRADITIONNEL
À part ses lignes de téléphone, le village de Xijiang dans la province du Guizhou ressemble à ce qu'il devait être il y a des centaines d'années. Ses maisons en bois et ses rues en terre battue sont nichées sur une colline escarpée proche des rizières. Le week-end, les citadins visitent ces jolis villages, pour découvrir une vie rurale et chaleureuse. Des familles améliorent leurs revenus en invitant les touristes à faire un délicieux repas chez eux.

À LA RECHERCHE D'UNE VIE MEILLEURE
De nombreux villageois plient bagage et disent au revoir à leur famille pour aller travailler en ville. Plus d'hommes que de femmes font le voyage, les épouses restant sur place pour assurer les travaux de la ferme. Les migrants ne reviennent que pour les vacances, en rapportant l'argent durement gagné. Les villageois rêvent de gagner assez pour construire une nouvelle maison ou créer une affaire.

LES ANCIENS
Pendant la journée, on rencontre généralement dans le village des personnes âgées et des enfants, les adultes étant pour la plupart au travail. Les anciens sont respectés pour leur sagesse et ils transmettent aux plus jeunes les coutumes du village. Les Chinois font remonter cette pratique à Confucius qui a enseigné que les familles doivent s'occuper des plus âgés.

L'AGRICULTURE

Plus de 800 millions de personnes, soit 60 % de la population, vivent de la terre en Chine. La plupart sont des paysans.

Aujourd'hui, la Chine produit plus de riz, de patates douces, de coton, de tabac et de soie que tous les autres pays. Mais l'agriculture change vite ici et la vie est de plus en plus difficile pour les fermiers. Les villes explosent et les villageois sont obligés de céder leurs terres, souvent sans dédommagement. D'autres ont vu leurs champs ruinés par les nappes phréatiques polluées ou transformés en déserts. Des millions partent pour recommencer ailleurs une vie nouvelle.

LES TERRASSES À FLANCS DE COTEAUX
La Chine est un grand pays mais seulement 15 % de sa superficie est cultivable. Chaque parcelle est exploitée. Dans les régions montagneuses du sud-ouest, les villageois ont crée des terrasses comme celles-ci, pour cultiver le riz. Parce que les terres sont rares et les champs toujours en activité, les fermiers étalent souvent leurs moissons sur les routes pour les faire sécher.

TOUTES LES SORTES DE RÉCOLTES
Grâce à la variété des climats, les paysans chinois ont une production très diverse. Les fruits tropicaux poussent au sud, mais dans les montagnes sèches du nord, ne sont cultivées que des céréales comme le blé, le millet et l'orge. Ceux qui ne cultivaient que le riz sont nombreux maintenant à faire pousser des légumes, du coton ou du tabac, qui se vendent plus cher sur le marché.

Un chapeau et un foulard pour se protéger du soleil

Des bêtes de somme

De nombreux paysans ont un buffle (ci-dessus) ou un bœuf pour cultiver leurs champs et tirer les charrues. Ce bétail résistant est plus facile et économique à utiliser que les tracteurs : il produit un précieux fumier et peut travailler dans des champs inondés.

La production de masse

L'agriculture industrielle se développe à grande échelle en Chine. Ces ouvriers trient et emballent des oranges dans une grande usine alimentaire de la province de Zhejiang, dans l'est du pays. Ces fruits seront ensuite vendus dans les villes ou exportés en Asie du Sud-Est.

Agriculture

La culture de la soie

Les Chinois cultivent la soie depuis au moins 3 000 ans. La soie est une fibre douce et luxueuse obtenue en dévidant soigneusement les cocons tissés par les vers à soie (en fait des chenilles de papillons). L'éclosion des larves se fait dans des pièces chauffées où les vers sont engraissés sur des feuilles.

Des feuilles fraîches de mûrier, la seule nourriture ces vers à soie

L'avancée du désert

Au nord-ouest de la Chine, des années de sécheresse et de surexploitation des pâturages ont anéanti la végétation naturelle, et le désert s'est étendu vers le sud. En se développant, il a enseveli des villages entiers, provoqué des tempêtes de sable et détruit des récoltes. On voit ici un terrain où le gouvernement a planté de l'herbe dans l'espoir d'enrayer le processus.

Le travail des champs

L'essentiel du riz pousse dans les vallées fertiles du centre et du sud de la Chine, particulièrement dans la province du Yunnan, où le climat chaud et humide est idéal. Les plants de riz ont besoin de beaucoup d'eau et sont cultivés dans des rizières inondées entourées de petits remblais de boue pour éviter que l'eau ne s'échappe. Les paysans entretiennent les rizières à la main, une tâche éreintante. La Chine produit près d'un tiers du riz dans le monde, mais elle doit en importer de Thaïlande et du Vietnam pour nourrir sa population.

Le paysan plante les pousses de riz une à une.

Rhododendron

Pivoine chinoise

Feuillage du métaséquoia

LE MONDE DE LA NATURE

Alors que de violentes tempêtes de neige s'abattent sur l'extrême nord du pays, le sud doit supporter un soleil torride ; pendant qu'une région souffre de la sécheresse, une autre est inondée par des pluies torrentielles : la variété des climats a amené celle des paysages et des habitats. Chaque région recèle une vie sauvage et une végétation spécifiques, et le pays bénéficie d'une flore et d'une faune incroyablement variées. On compte en Chine environ 30 000 sortes de plantes, 2 500 types d'arbres, 500 espèces de mammifères et 1 200 d'oiseaux. Au cours de son histoire, les plantes et les animaux ont inspiré artistes, poètes et philosophes, qui ont décrit le monde comme un paradis sur terre. Ils ont enseigné que la beauté de la nature peut régénérer l'âme et apporter la lumière spirituelle. Aujourd'hui, les Chinois sont plus concernés par la protection de leur environnement. De fréquentes campagnes réclament la dépollution des rivières, des lacs et de l'air ainsi que le contrôle de la croissance urbaine.

UNE NATURE EN FLEUR

La fleur nationale chinoise est la pivoine, symbole de prospérité, qui soigne la fièvre et prévient les infections. Elle pousse à l'état sauvage au Tibet et dans le nord du pays mais elle est plantée dans les jardins du monde entier, ainsi que d'autres plantes en provenance de Chine comme les rhododendrons, les azalées, les fleurs de lotus et les magnolias. Des vallées reculées du centre de la Chine abritent un type de conifère très ancien, le séquoia. Les scientifiques le considèrent comme un « fossile vivant » car ses ancêtres vivaient déjà il y a cent millions d'années, au temps des dinosaures.

SAUVER LE PANDA GÉANT

Les pandas géants sont sans doute les animaux fétiches de la Chine et sont considérés comme un trésor national. Ces mammifères aux mouvements lents habitent dans les forêts des montagnes lointaines du sud-ouest du pays, se nourrissant presque exclusivement de bambous. Les pandas géants sont aujourd'hui menacés par des décennies de destructions forestières et de braconnage, mais tout est mis en œuvre pour protéger leur avenir. Dans des centres de protection comme celui de la Réserve naturelle de Wolong, des scientifiques chinois ont mis au point des méthodes pour nourrir ces animaux et ont établi une importante base d'élevage.

Les faisans mâles se servent de leurs longue queue dans leurs parades nuptiales.

Le prédateur absolu

Le plus grand prédateur de Chine est le tigre Amour, qui tient son nom du fleuve coulant entre le nord-est de la Chine et l'Extrême-Orient russe, une région forestière sauvage recouverte par la neige plusieurs mois de l'année. Les tigres Amour, ou de Sibérie, ont une fourrure plus épaisse que les autres espèces et les mâles peuvent peser jusqu'à 300 kg. À cause de la chasse sauvage, cette race magnifique est en voie d'extinction. Il ne reste que vingt tigres Amour en Chine et entre trois cents et trois cent cinquante en Russie. Les chasseurs vendent au prix fort leurs os, leurs moustaches et le reste de leurs dépouilles, qui sont ensuite utilisés dans la médecine chinoise.

Le barrage des Trois Gorges

En 1994, le gouvernement chinois a entamé la construction du plus grand barrage du monde, sur le fleuve Yangzi Jiang dans la province de Hubei. Les turbines vont générer assez d'électricité pour de nombreuses villes et usines, mais ce projet a été sévèrement critiqué. Le lac de retenue a inondé de magnifiques paysages et d'anciens sites historiques, forcé à l'exode des milliers de villageois et déséquilibré le climat.

Le yack aux longs poils

Les yacks se rencontrent sur les hauts-plateaux de l'Himalaya et du Tibet. Ils sont une ressource essentielle pour les habitants qui s'en servent pour le transport. Les Tibétains apprécient la viande et le sang du yack, produisent du beurre, des fromages et des yaourts avec son lait, fabriquent des cordages et des couvertures avec ses poils et font brûler sa graisse dans leurs lampes. Rien n'est perdu. À Lhassa, la capitale du Tibet, les moines bouddhistes sculptent la graisse de yack et exposent leurs œuvres pendant la fête annuelle.

Faune

Les mâchoires sont plus courtes de celles de l'alligator d'Amérique.

Collerette

Un faisan de Lady Amherst

Des oiseaux bijoux

Les faisans sont des oiseaux trapus dotés d'une longue queue qui se cachent dans les coteaux boisés du centre et du sud de la Chine. En dépit de leur grande taille et de leur plumage éblouissant, ils sont très difficiles à repérer. Les grues sont une autre espèce d'oiseaux spectaculaires, gracieux, aux longues pattes, et qui appartiennent à la famille des hérons.

Un reptile menacé

L'alligator chinois (celui-ci est un bébé) est beaucoup plus petit que son cousin d'Amérique. Il ne dépasse pas deux mètres. Il sort de son trou la nuit pour chasser de petits animaux aquatiques comme les moules et les escargots. Moins de cinq cents alligators chinois vivent à l'état sauvage, tous dans le cours inférieur du fleuve Yangzi. Ils sont menacés par la chasse, la culture et les barrages, qui détruisent leur habitat naturel.

Baguettes en bois

Aliments et boissons

La Chine possède l'une des traditions culinaires les plus anciennes et les plus variées du monde. Sous le règne des empereurs, les banquets et les cérémonies du thé étaient un art à part entière, et aujourd'hui encore, bien se nourrir et bien boire est une obsession nationale. Les styles varient beaucoup à travers le pays. Chaque région, ville et groupe ethnique possède ses propres plats et coutumes. Presque chaque événement est l'occasion de faire la fête et la nourriture joue un grand rôle lors des réunions de famille ou de travail. Les gens mangent avec des baguettes en bois, en bambou ou en plastique. Quarante-cinq milliards de paires jetables étaient utilisées chaque année avant d'être supprimées pour lutter contre le gaspillage.

Les goûts changent

Les *fast-food* occidentaux était inconnus en Chine jusqu'à la fin des années 1980. Les marchands de hamburgers, de pizzas, de poulet frit sont apparus dans les grandes villes et se sont répandus dans tout le pays.

Poivre du Sichuan

Piment rouge

Cinq épices

Les saveurs du Sichuan

La province du Sichuan, au sud-ouest de la Chine, est célèbre pour sa cuisine épicée, à base de piments et de sauces relevées. De nombreux plats utilisent le poivre du Sichuan, fait à base de citron séché, qui enflamme le palais.

La nourriture est cuisinée rapidement dans une grande poêle à frire en fonte ou wok.

Petits paquets de riz gluant cuits dans des feuilles de bambou, ou zongzi

Un plat de fête

Les quenelles de riz appelées *zonzi* sont servies pendant la fête des Bateaux-Dragons, en l'honneur de Qu Yuan, un ancien poète. Il s'est jeté dans une rivière pour protester contre la corruption de certains membres du gouvernement. Ceux qui savaient que Qu Yuan était un honnête homme ont jeté dans l'eau des quenelles de riz pour que les poissons s'en nourrissent et lui laissent la vie sauve.

Thé Oolong

Thé Lapsang

Thé vert

Thé parfumé à la rose

Les types de thé

Des dizaines de variétés de thé (*cha*) sont cultivées en Chine, et certaines sont mélangées à des pétales de fleurs qui leur communiquent leur saveur et leurs propriétés médicinales. Les Chinois boivent du thé pour se détendre ou entre amis, souvent dans des maisons de thé.

Des nouilles étirées à la main ou lai mein

Le régime quotidien

Le riz et les nouilles sont la base de la nourriture presque partout en Chine. Au repas, tout le monde mange un bol de riz ou de nouilles dans lequel on ajoute de la viande et des légumes en se servant dans des plats posés sur la table. La sauce de soja, faite à partir de graines de soja et de grains de blé grillés, est un ingrédient courant et savoureux de la cusine familiale.

Sauce de soja

Riz gluant

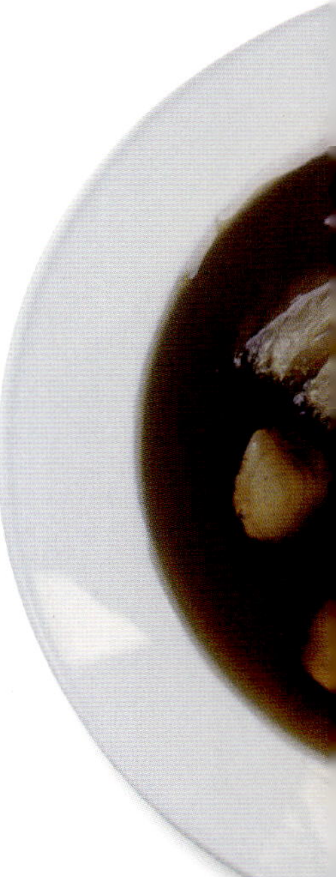

Bouchées cuites
à la vapeur ou dim sum

Travers de porc grillés

De savoureuses bouchées

La cuisine cantonaise est réputée pour ses bouchées appelées *dim sum*, qui veut dire « réconforte le cœur ». Les différentes variétés de *dim sum* contiennent des morceaux de crevettes, de viande ou de légumes enveloppés dans des boulettes de pâte de riz. Les Chinois apprécient les *dim sum* le matin ou à midi. Ils sont souvent accompagnés d'un bol de thé, appelé *yum cha* dans le sud de la Chine, ce qui signifie littéralement « en buvant du thé ».

Petites tranches de canard et sauce à la prune

Canard laqué pékinois

Crêpes de riz savoureuses

La cuisine cantonaise

La cuisine du sud de la Chine, ou cuisine cantonaise, se mange principalement à Hongkong et Canton et leurs environs. Les plats typiques comprennent du porc aigre-doux, du poisson à la vapeur, du requin ou du bœuf frit dans une sauce aux haricots noirs et des *dim sum*. La cuisine cantonaise est la plus servie des cuisines chinoises dans le monde entier.

La nourriture partagée

Le canard pékinois est une spécialité de Pékin devenue populaire dans les années 1860. Le canard grillé est placé au centre de la table et les convives se servent, trempent ensuite le morceau choisi dans une sauce et le roulent dans une crêpe avant de le manger. De nombreux plats chinois sont servis en portions généreuses comme celles-ci. Les Chinois préparent plusieurs plats pour les partager en famille ou entre amis.

Soupe d'ailerons de requins

Alimentation

Des ingrédients exotiques

La soupe d'ailerons de requin est un met délicat servi dans les banquets de mariage ou les déjeuners d'affaires. Des millions de requins sont pêchés chaque année pour réaliser cette recette et plusieurs espèces de requins sont aujourd'hui menacées. Les militants écologistes veulent interdire ce plat dans les restaurants. D'autres spécialités sont à base de méduses en lamelles, de concombres de mer, de pattes de poulet. Il y a, enfin, la soupe de nid d'hirondelles.

Le ragoût Chongqing

Ce plat épicé est une spécialité de Chongqing, une ville industrielle au bord du Yangzi Jiang, au centre de la Chine. Les convives se retrouvent autour d'un feu de charbon ou d'un réchaud à gaz sur lequel est disposée une marmite de soupe au piment. Ils choisissent des tranches de viandes et de légumes qu'ils font cuire dans la marmite. Puis, ils saisissent un morceau avec des baguettes, le plongent dans une sauce et l'assaisonnent avec de l'ail ou des graines de sésame.

La campagne du gouvernement
Des panneaux d'affichage et des murs peints rappellent la politique de l'enfant unique. Ils portent souvent des slogans patriotiques comme celui-ci qui dit qu'avoir un enfant permet à la « patrie de devenir une nation saine et forte ».

Une aide précieuse
Dans la journée, les centres commerciaux, les parcs, les marchés sont remplis de grands-parents s'occupant de leurs petits-enfants dont le père et la mère sont au travail. C'est aussi le cas dans les villages où de nombreux parents sont loin onze mois sur douze, et où ce sont les grands-parents qui élèvent les enfants.

La vie de famille

Les Chinois sont très fiers des liens étroits qu'ils entretiennent avec leur famille. Si vous demandez à quelqu'un pourquoi il travaille si dur, il y a de grandes chances pour qu'il vous réponde *Wei le jia* ce qui signifie « Pour ma famille ». Une fois par an, lors de la fête de Qing Ming, en avril, les familles vont sur la tombe de leurs ancêtres pour leur rendre hommage, nettoyer les pierres tombales et leur laisser nourriture et boissons en offrande. La vie familiale est réglée par des mesures prises par le gouvernement. En 1979, Deng Xiaoping a établi la règle de l'enfant unique, qui prévoit un seul enfant par couple afin de limiter la croissance démographique. Ceci a un impact considérable. Les enfants grandissent sans frère ni sœur, et les parents en vieillissant ne seront aidés que par un seul enfant. Pour les jeunes adultes, cela peut être une très lourde charge car ils doivent gagner assez d'argent pour subvenir à leurs propres besoins et leurs frais médicaux ainsi qu'à ceux de leurs parents et grands-parents.

« L'ancienne maison semble n'être qu'un rêve, mais je me souviens vivement de sa chaleur. Il n'y a pas de meilleur endroit au monde qu'un foyer. »

Den Yunxiang, décrivant sa maison dans le vieux Pékin

De grandes familles
La majorité des familles risquent de payer une lourde amende en ayant plusieurs enfants, mais la règle de l'enfant unique ne s'applique pas à tous. Dans les campagnes, il est permis d'en avoir deux. La surpopulation ne menace pas les zones rurales et le besoin de main d'œuvre dans les champs est important. Les familles des minorités ethniques peuvent avoir autant d'enfants qu'elles le souhaitent. Ces gardiens de troupeaux de Mongolie ont besoin d'une grande famille pour s'occuper des bêtes.

MARIAGES GROUPÉS
Des couples se marient lors de cérémonies groupées, souvent un « jour de chance » comme la Fête nationale (1er octobre). Les mariés font couramment appel à un service de mariage organisé qui comprend à la fois la cérémonie et le voyage de noces.

RENCONTRES PAR INTERNET
Environ un tiers des jeunes Chinois utilisent Internet pour rencontrer leur futur époux ou épouse. Dans le passé, les mariages arrangés étaient courants. La plupart des grands-parents d'aujourd'hui ont été présentés par leurs parents ou par leurs patrons.

Famille

LES RITUELS FUNÉRAIRES
Lors des funérailles, les Chinois brûlent parfois des personnages en papier ou des présents dont les défunts se serviront dans l'autre monde et qui symbolisent la richesse de la famille. Ces personnages en papier représentent les membres d'une famille hongkongaise offrant du thé. Cette coutume est issue d'une longue tradition. On brûlait de la « monnaie des esprits », qui était censée procurer de l'argent au défunt pour sa vie dans l'au-delà. On peut aussi offrir des objets utiles comme une brosse à dents, un peigne, de la nourriture, du vin ou des chaussures.

LE REPAS FAMILIAL
Le repas de cette famille de Shanghai se compose de poisson cuit à la vapeur, de poulet, de riz frit, de soupe servie dans un melon d'eau (un savoureux fruit asiatique). Trois ou quatre générations vivent ensemble et partagent les repas, mais ce phénomène est moins courant aujourd'hui, notamment dans les villes où de nombreux couples ont leur propre appartement.

RELIGION ET SPIRITUALITÉ

Les Chinois ne dédaignent pas de faire des emprunts à plusieurs religions. Ils peuvent prier dans un temple bouddhiste, taoïste ou confucéen, aussi bien que dans une église ou une mosquée. Les enseignements du Bouddha sont arrivés d'Inde il y a deux mille ans. A la même époque, le savant chinois Laozi (Lao-tseu) introduit la philosophie taoïste. Il enseigne la nécessité de l'équilibre naturel du monde. Le confucianisme, basé sur les préceptes de Confucius, insiste sur le respect, la bonté et l'obéissance. L'islam est pratiqué en Chine depuis plus de mille ans et le christianisme depuis des siècles. Les athées peuvent croire au pouvoir des diseuses de bonne aventure, des porte-bonheur et aux bienfaits spirituels de l'exercice physique.

CONFUCIUS
Les idées de ce grand philosophe, qui vécut de 551 à 479 av. J.-C., influencent toujours les pensées des Chinois sur la famille, l'éducation, la politique et la morale. Confucius a dit que l'éducation était primordiale et que chacun devait se sentir responsable de lui-même.

TAI CHI
Selon la légende, le *Tai-Chi-Chuan* ou *Tai-Chi*, a été inventé par un moine taoïste au XIIe siècle. Contrairement à d'autres arts martiaux, il est doux et se pratique avec des mouvements lents. Le *Tai-Chi* est censé aider le *Qi* (l'énergie vitale) à circuler dans le corps. De nombreux Chinois le pratiquent comme une forme de méditation.

BOUDDHA RIEUR
Cette statue de Bouddha (né vers 563 av. J.-C.) a un visage rieur et le ventre rebondi, signes de fertilité et d'abondance. De nombreux Chinois ont une statue de ce genre chez eux, dans leur boutique ou leur bureau pour leur garantir santé et bonheur. Une autre représentation de Bouddha est répandue en Chine, celle de Kuanyin, la déesse de la Miséricorde.

LES OFFRANDES AU TEMPLE
Dans la cour de ce temple, les fidèles récitent des prières et allument des cierges en offrande à Bouddha. La majorité des Chinois, même ceux qui ne sont pas religieux, se rendent au temple, particulièrement à l'occasion des fêtes. Ils partagent ensuite un repas ou un bol de thé, souvent à la maison de thé ou au restaurant du temple, ou à l'extérieur. Ceux qui pratiquent les rituels bouddhistes peuvent aussi croire en d'autres religions.

Les danseurs Khampa
Une troupe de danseurs Khampa se produit lors d'une des nombreuses fêtes estivales au Tibet. Plusieurs fois par an, les Tibétains font un pèlerinage vers un lieu de culte bouddhiste, un monastère, un temple ou une montagne sacrée. Les pèlerins marchent souvent plusieurs jours pour rejoindre d'autres fidèles à l'occasion de célébrations et de prières.

La fête de Cheung Chau
Cet étonnant spectacle a lieu chaque mois de mai sur la petite île de Cheung Chau, près de Hongkong. Pendant trois jours les habitants de l'île suivent un régime végétarien, assistent à des spectacles de musique et d'opéra en plein air et habillent les enfants comme des esprits sacrés. Pendant le carnaval, des grimpeurs escaladent trois piliers recouverts de pains qu'ils arrachent et mettent dans un sac ou ou bien ils les lancent à la foule.

Les feux d'artifice du Nouvel An
Toutes les villes organisent de spectaculaires feux d'artifice pour marquer la nouvelle année, comme celui-ci dans la baie Victoria à Hongkong. Des gens font également exploser des pétards dans les rues. Tout ce bruit est censé éloigner les mauvais esprits dont Niam, une bête cannibale légendaire. Une autre croyance veut que ce soit une façon de réveiller le dragon, qui apportera de la pluie et assurera ainsi une année fertile.

Astrologie chinoise
Le calendrier lunaire chinois ne détermine pas seulement les fêtes, mais aussi la pratique de l'astrologie qui vise à prédire l'avenir. Chaque année chinoise est associée à l'un des douze animaux figurant ci-dessous. Ils reviennent en un cycle perpétuel. Selon l'astrologie chinoise, le signe de votre année de naissance révèle votre caractère. Si vous êtes né « l'Année du Singe » par exemple, vous êtes supposé faire beaucoup de bêtises et être plutôt intelligent. Certains parents tentent de planifier la naissance de leurs enfants les années dont ils apprécient le plus les qualités.

Serpent 2013 — Cheval 2014 — Chèvre 2015 — Singe 2016 — Coq 2017 — Chien 2018

LIVRE SCOLAIRE
L'éducation n'est pas gratuite en Chine. Les parents doivent acheter des cahiers et payer des frais de scolarité. C'est souvent le poste le plus important du budget : pour l'assurer, les deux parents doivent travailler.

L'ÉDUCATION

La Chine possède une très longue tradition d'éducation officielle. En 165 av. J.-C., la dynastie Han a inventé le premier examen du monde et créé une administration de lettrés chargés de diriger le pays. Depuis, l'éducation est une clé pour réussir en Chine. Aujourd'hui, la population est si nombreuse que la compétition est acharnée. Pour réussir, les élèves doivent beaucoup travailler. Dans les villes, la politique de l'enfant unique augmente encore la pression, sur les enfants comme sur les parents. L'âge de la scolarité va de 6 à 14 ans. Ceux qui veulent faire des études supérieures doivent se présenter au concours d'entrée à l'Université, le Gaokao. Pour la plupart d'entre eux, c'est le moment où ils quittent la maison.

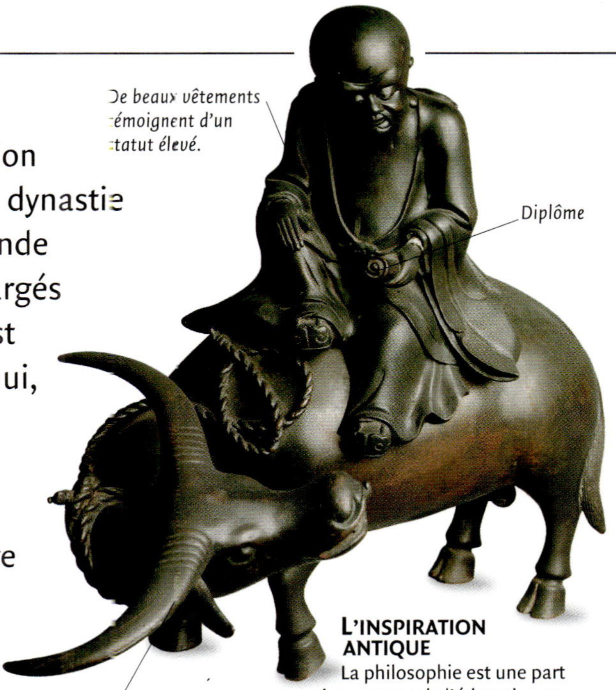

L'INSPIRATION ANTIQUE
La philosophie est une part importante de l'éducation en Chine depuis 2 500 ans. Les Chinois ont l'habitude de lire des textes philosophiques pour se guider dans la vie quotidienne. Cette petite sculpture en bronze représente Laozi (Lao-tseu), un grand penseur qui vécut au IXe ou au VIe siècle av. J.-C. et a fondé le taoïsme. Le *Tao-tö-king* de Laozi contient des préceptes pour vivre en harmonie avec la nature.

« Apprendre sans réfléchir ne sert à rien, réfléchir sans apprendre est dangereux. »

Confucius, vers 479-224 av. J.-C.

Éducation

COURS D'INFORMATIQUE
Les meilleures écoles proposent des cours d'informatique aux enfants dès l'âge de six ans. Les touches du clavier sont en *pinyin* (transcription des termes chinois en caractères latins). A l'écran, l'ordinateur convertit automatiquement le pinyin en caractères chinois. Parents et élèves donnent la priorité aux sciences, à la technologie et aux mathématiques. Ces matières sont considérées comme les plus utiles pour trouver plus tard un emploi.

L'ÉCOLE AU VILLAGE
Jusqu'au niveau moyen, huit enfants sur dix sont scolarisés à la campagne. Ces écoles sont souvent pauvres, avec des bâtiments vétustes et un matériel rudimentaire. Ceux qui vont s'installer en ville avec leurs familles sont confrontés à un problème plus grave. Il leur est difficile d'assurer l'éducation de leurs enfants, parce que les écoles sont soit bondées, soit hors de prix.

CRAZY ENGLISH

L'homme d'affaires Li Yang, une célébrité qui apparaît souvent dans les médias chinois, monte sur scène dans une salle comble, pour promouvoir *Crazy English*, une méthode pour apprendre l'anglais. Dans ses conférences interactives, Li Yang demande au public de crier des phrases en anglais et de les scander avec lui. Il explique à ses auditeurs qu'apprendre l'anglais est une façon d'augmenter ses chances dans la vie et de développer l'économie chinoise.

L'APPRENTISSAGE DES ENSEIGNEMENTS DE MAO

L'éducation ordinaire a été abandonnée en Chine pendant la Révolution culturelle de Mao Zedong, qui a duré dix ans. Les universités ont été fermées par les autorités, le travail manuel étant considéré comme plus important. Les intellectuels, les professions libérales et les étudiants comme ceux-ci, ont été forcés à partir dans des fermes pour apprendre la vie rurale. Tout le monde en Chine devait apprendre les préceptes révolutionnaires de Mao dans son *Petit Livre rouge*. Aujourd'hui, de nombreux adultes qui n'ont pu bénéficier d'une éducation prennent des cours du soir pour apprendre une langue étrangère ou acquérir de nouvelles connaissances.

LA VIE À L'UNIVERSITÉ

Pendant ses deux premières semaines à l'université, l'étudiant porte l'uniforme militaire, apprend à marcher au pas et à se battre. Cet entraînement s'achève par un défilé devant des généraux. En général, les études durent quatre ans. En plus de leur spécialité, les élèves doivent suivre des cours d'éthique, de droit, d'informatique, d'anglais et d'éducation physique, ainsi que des cours sur les enseignements des grands leaders chinois,

Le succès d'Harry Potter
Même si la Chine a une longue tradition cinématographique, les films occidentaux comme ceux de Harry Potter, ont beaucoup de succès. Le prix des places de cinéma est élevé, et nombreux sont ceux qui téléchargent sur Internet ou regardent des DVD piratés.

LES MÉDIAS

Les médias chinois touchent une audience immense et avide d'informations. Même si plus de 150 millions de Chinois ne savent pas lire, les autres sont de grands lecteurs de livres, de journaux, de magazines et de sites Internet. La télévision par satellite n'atteint pas encore toutes les zones rurales. Le gouvernement contrôle les médias, censurant les critiques dirigées contre lui. Malgré la censure, Internet accueille de dynamiques communautés interactives qui créent leur propre identité sur la toile, participent à des blogs, jouent et commentent les informations. De nombreux sites étrangers sont traduits, et aujourd'hui les Chinois en savent beaucoup plus sur le monde étranger que les étrangers n'en savent sur la Chine.

Médias

Des lampes permettent de lire les journaux même la nuit.

Les nouvelles du parti
De nombreux journaux appartenant à l'État sont affichés dans de grands cadres de façon à ce que les gens puissent les lire en partant travailler. Mao Zedong, qui avait été journaliste, insistait pour que la presse soit le porte-parole du parti communiste et vante sa politique. Aujourd'hui, la plupart des journaux sont financés par la publicité et œuvrent pour la promotion des réformes économiques.

Le quotidien Singdao Daily

Yangcheng Evening News

L'hebdomadaire Next

Tout lire
Il y a environ 2 000 journaux en Chine dont un quart appartient à l'État. Le reste est géré par des propriétaires privés mais leur contenu reste sévèrement contrôlé. *Yangcheng Evening News* est le journal le plus vendu dans le monde avec une diffusion de 1,7 million d'exemplaires. *Singdao Daily*, un journal populaire de Hongkong, est distribué dans plus de cent villes dans le monde. De nombreux magazines d'actualité, comme *Next*, se consacrent à la vie des gens riches et célèbres et aux divertissements.

Livres, livres, livres
La Chine a inventé les caractères mobiles au XIe siècle. Ils ont permis la diffusion du livre et de la lecture dans le monde. Aujourd'hui, la Chine compte plus de 400 maison d'édition. En dehors des grandes villes, des bibliothèques itinérantes passent dans les usines, les mines et les villages. Les statistiques gouvernementales montrent que la Chine a un taux d'alphabétisation d'environ 95 %, mais ce chiffre est sans doute beaucoup plus bas dans les zones rurales.

La Chine en ligne

Seuls 8 % des ménages ont un ordinateur. Les cafés Internet, qui se développent rapidement, sont devenus très populaires. Ils restent souvent ouverts toute la nuit et les jeunes y vont pour se détendre. Ils peuvent jouer à des jeux en ligne, participer à des *chats* et télécharger des films et de la musique. Le gouvernement contrôle l'accès aux nouvelles étrangères grâce au « Great Firewall » (le grand pare-feu) qui surveille les portes d'accès à Internet avec le monde entier.

A la campagne

Les antennes satellites permettent à la télévision chinoise d'atteindre la quasi totalité du territoire. Dans certains villages, les gens peuvent recevoir des chaînes indiennes et d'autres pays encore. Le gouvernement prévoit d'installer suffisamment d'antennes pour que tout le monde en Chine puisse regarder la télévision.

Téléréalité

En 1997, une petite chaîne satellite de la province de Hunan a commencé à diffuser un jeu dans le style américain appelé *Citadel of Happiness* (la citadelle du bonheur). Il est rapidement devenu un des programmes les plus populaires de Chine, avec une audience régulière de 160 millions de téléspectateurs. L'émission américaine à succès *Pop idol*, reprise par la télévision du Hunan sous le titre *Supergirl*, attire plus de 400 millions de téléspectateurs. Même la China Central Television (CCTV), la principale télévision nationale, diffuse des programmes populaires avec des informations approuvées par le gouvernement.

SCIENCE ET INNOVATION

D'innombrables objets et technologies d'usage quotidien nous sont venus de Chine. Parmi les inventions anciennes, on trouve le papier, l'imprimerie, la soie, la porcelaine, la fonte, le cerf-volant, le parapluie, la brouette, la boussole, le boulier et la poudre à canon. Ces choses nous paraissent courantes aujourd'hui, mais elles ont changé le monde et le cours de l'histoire en leur temps. À la fin du XXe siècle, la Chine a été baptisée « l'atelier du monde » parce qu'on y fabrique en masse des produits bon marché. La Chine moderne veut rester une grande nation industrielle, mais elle est aussi déterminée à maintenir son ancienne position de centre d'invention et de découverte. Des sociétés chinoises se développent à l'échelle mondiale, tandis que le programme spatial du pays prouve son ambition de travailler à la pointe du progrès scientifique.

Ombrelle chinoise ancienne

Motifs peints à la main sur la soie

LE PARAPLUIE ET LE BOULIER

Ces deux objets pratiques ont été inventés en Chine il y a plus de 2 000 ans. Les parapluies pliants ont sans doute d'abord été utilisées à la cour impériale pour protéger l'empereur et les nobles du soleil et de la pluie. Le boulier est une machine à calculer qui permettait à l'origine aux marchands de compter rapidement leur argent. On dit souvent que c'est le premier ordinateur du monde. En Chine, le boulier est encore utilisé sur de nombreux marchés. À l'école primaire, il sert pour apprendre aux enfants les bases du calcul.

Science

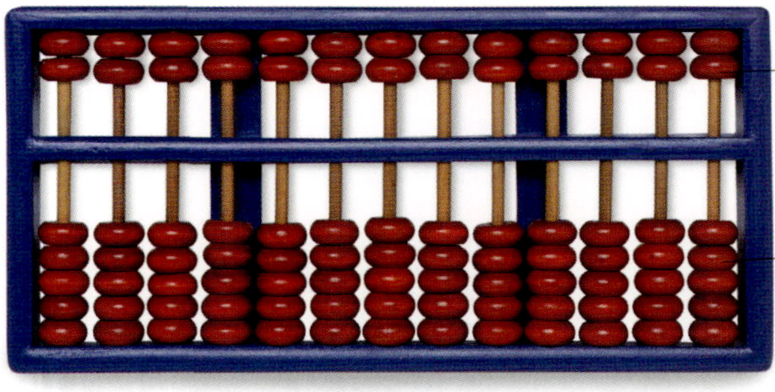

Deux jetons par baguette sur la partie supérieure

Cinq jetons par baguette sur la partie inférieure

Un boulier chinois moderne

Table des levers et des couchers du soleil

Cadran de la boussole

Boussole chinoise en usage entre 1850 et 1900

Poudre à canon

BOUSSOLE ET POUDRE NOIRE

La plupart des inventions anciennes, comme la boussole et la poudre à canon, ont été développées pour un usage précis, puis adaptées et améliorées au fil du temps. Les alchimistes chinois ont découvert la poudre à canon presque par accident il y a 1 200 ans. Elle servait à l'origine pour les feux d'artifice, mais au Xe siècle, elle est devenue une arme redoutable, utilisée dans les roquettes et les grenades tirées avec des catapultes. On trouve la première description d'un boussole dans un livre chinois datant de 1044 : la direction était indiquée par une aiguille magnétique flottant dans une coupe remplie d'eau. L'idée a servi de base à la boussole de navigation, inventée vers 1300, sans doute en Europe.

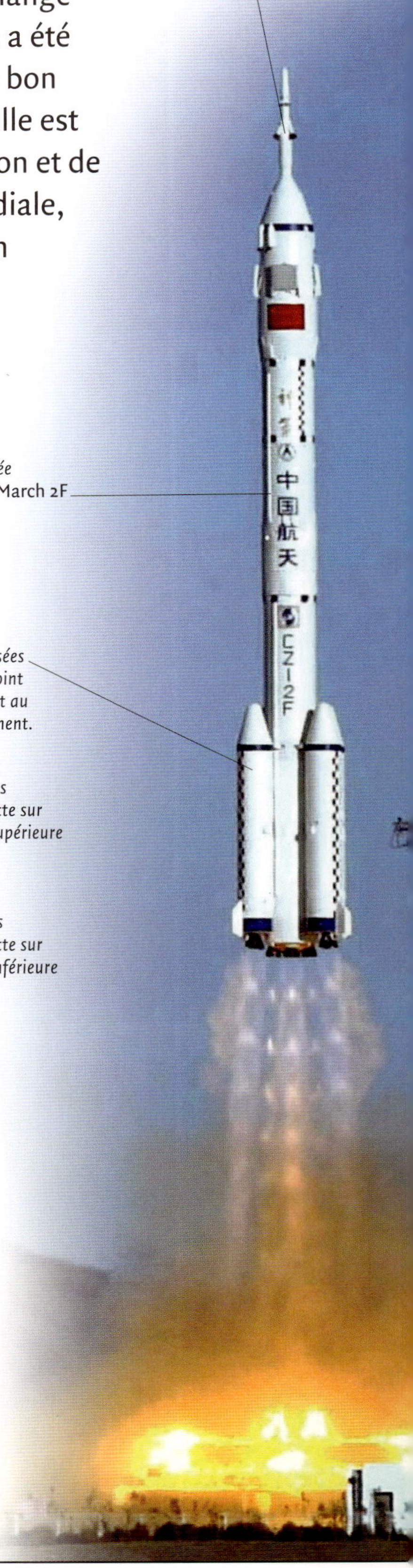

Le vaisseau spatial habité Shenzhou V

La fusée Long March 2F

Les fusées d'appoint servent au lancement.

LA COURSE À L'ESPACE

Grâce au lancement réussi du vaisseau spatial *Shenzhou V* en 2003, la Chine est devenue le troisième pays à avoir envoyé une personne dans l'espace, après l'URSS et les États-Unis. Propulsé par la fusée *Long March*, il a décollé du Centre de lancement des satellites de Jiuquan, dans la province du Gansu et a tourné quatorze fois en orbite autour de la terre avant d'atterrir vingt et une heures plus tard. Le lancement a été considéré comme un triomphe pour la science et la technologie chinoises et l'astronaute de Shenzhou, Yang Liwei, est devenu un héros national. *Taikonaut*, le mot chinois pour spationaute, vient de *taikong* qui signifie « grand vide ».

Le centre de lancement des satellites

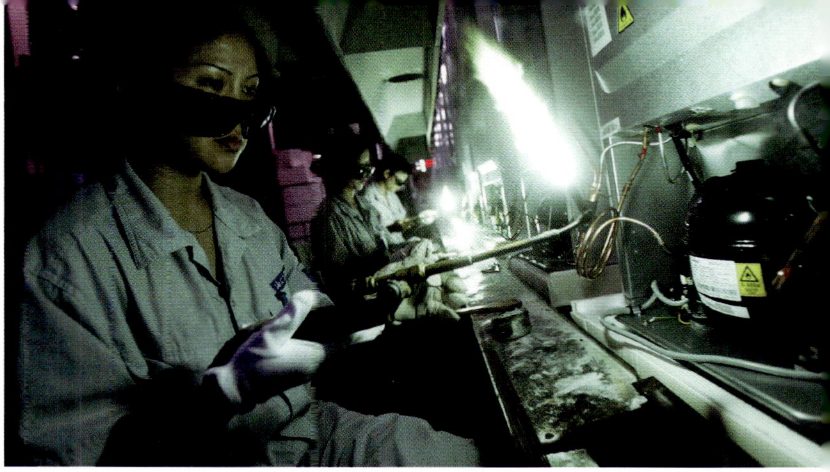

LA CROISSANCE INDUSTRIELLE

Les techniciens travaillant sur cette chaîne de montage fabriquent des réfrigérateurs. L'usine appartient à Haier, une des plus importantes entreprises d'appareils ménagers au monde. Des sociétés chinoises comme Haier sont peu connues dans les autres pays, mais leurs noms devraient devenir de plus en plus courants à l'étranger.

INVESTISSEMENTS ÉTRANGERS

Des milliards de dollars d'investissements étrangers sont versés chaque année en Chine, contribuant à la croissance de l'économie. En 2005, 400 des 500 plus importantes sociétés mondiales étaient représentées en Chine et ont réalisé plus de la moitié de ses exportations. Microsoft, par exemple, investit un milliard de dollars en Chine chaque année pour créer des logiciels et promouvoir ses ventes. Elle emploie des centaines de programmeurs, les plus performants de Chine, pour développer de nouveaux produits.

La structure du carbone grossie 40 000 fois

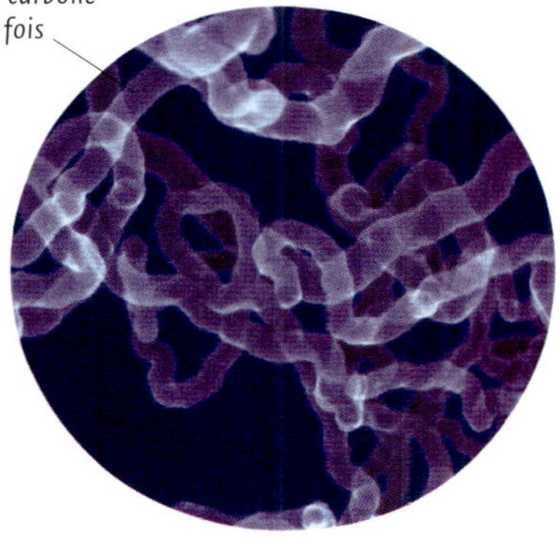

LA NANOTECHNOLOGIE

Ce nouveau domaine scientifique utilise diverses techniques pour créer des matériaux et des dispositifs ultra-petits qui ne sont visibles qu'au microscope. Par exemple, les minuscules nanotubes de carbone que l'on voit ici, sont utilisés dans l'électronique de pointe. La Chine est le troisième pays à développer la nanotechnologie après les États-Unis et le Japon.

LA RECHERCHE MÉDICALE

Cette scientifique participe au programme de recherche sur les cellules souches, à l'Institut national des Sciences biologiques du Parc des sciences de Zhongguancun, à Pékin. Zhongguancun est surnommée la « Silicon Valley chinoise » car elle a la plus forte concentration d'universités, d'instituts de recherche et de sociétés de haute technologie en Chine. De nombreuses sociétés étrangères spécialisées dans l'informatique ou les médicaments ont ouvert ici des centres de recherches.

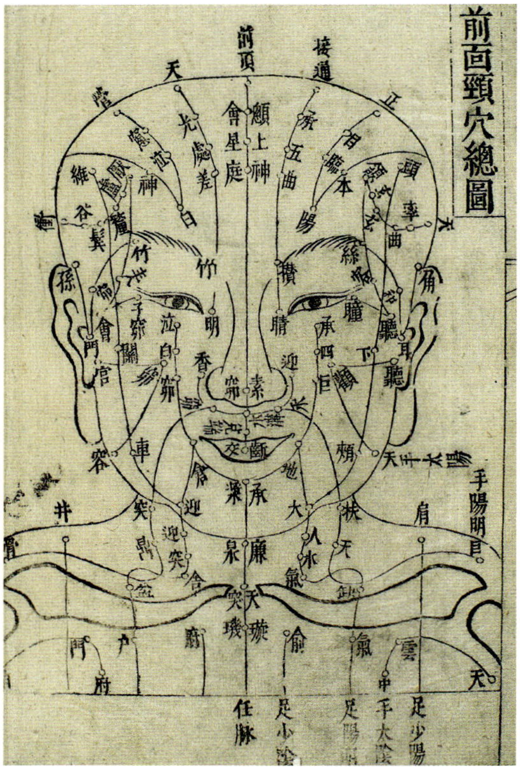

LES POINTS DE PRESSION
La théorie de l'acupuncture est que le corps possède 650 points de pression, dont certains sont montrés sur cette carte. Chaque point est relié à un organe. Si les aiguilles sont plantées doucement sur ces points, le *Qi*, l'énergie vitale, pourra circuler librement et soigner la maladie.

MÉDECINE ET GUÉRISON

Prendre soin de sa santé est en Chine une discipline quotidienne. De nombreux Chinois utilisent leur temps libre pour faire de l'exercice, et on trouve partout des magasins ou des stands proposant des massage relaxants qui sont réputés soigner les organes par des pressions sur certains points du corps. Dans le diagnostic comme dans le traitement du patient, la médecine chinoise ne s'en tient pas à l'endroit qui fait mal ou à l'organe qui fonctionne mal, mais considère la santé de la personne tout entière. La maladie est attribuée à des causes à la fois physiques et émotionnelles. La médecine chinoise recourt aux herbes, à l'acupuncture, aux massages, à des régimes alimentaires et à des exercices qui favorisent le bien-être spirituel.

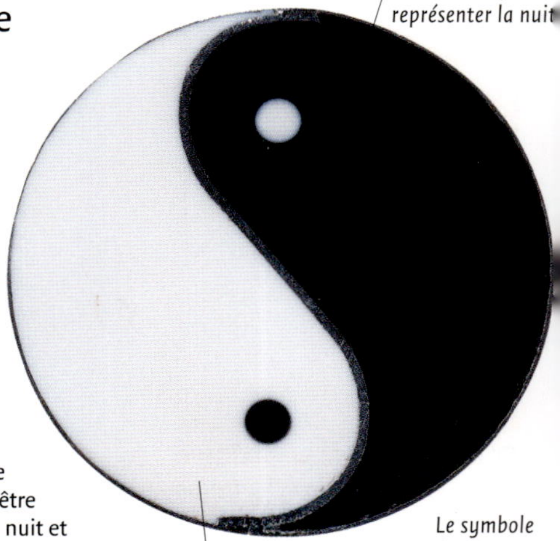

Yin est noir pour représenter la nuit

Le symbole du Yin et du Yang

Yang *est blanc pour exprimer le jour.*

YIN ET YANG
Les concepts du *Yin* et du *Yang* se réfèrent à deux choses qui ne peuvent être plus différentes l'une de l'autre et qui ont besoin d'être équilibrées pour créer l'harmonie. Par exemple, *Yin* représente la nuit et *Yang*, le jour. *Yin* a un lien avec tout ce qui est froid et humide, et *Yang* tout ce qui est chaud et sec. D'après la philosophie chinoise, le corps a besoin d'un équilibre entre ces deux pôles pour rester en bonne santé.

LES TRAITEMENTS ANCIENS
L'acupuncture est une méthode qui consiste à introduire des aiguilles en différents points du corps pour calmer la douleur et soigner les maladies. Elle est utilisée en Chine depuis 2 000 ans, et reste très souvent pratiquée dans les cliniques et les hôpitaux. Certains scientifiques pensent qu'elle agit en libérant des anti-douleurs naturels, appelés des endorphines.

Une aiguille d'acupuncture en acier

L'aiguille est introduite sans douleur, juste sous la surface de la peau.

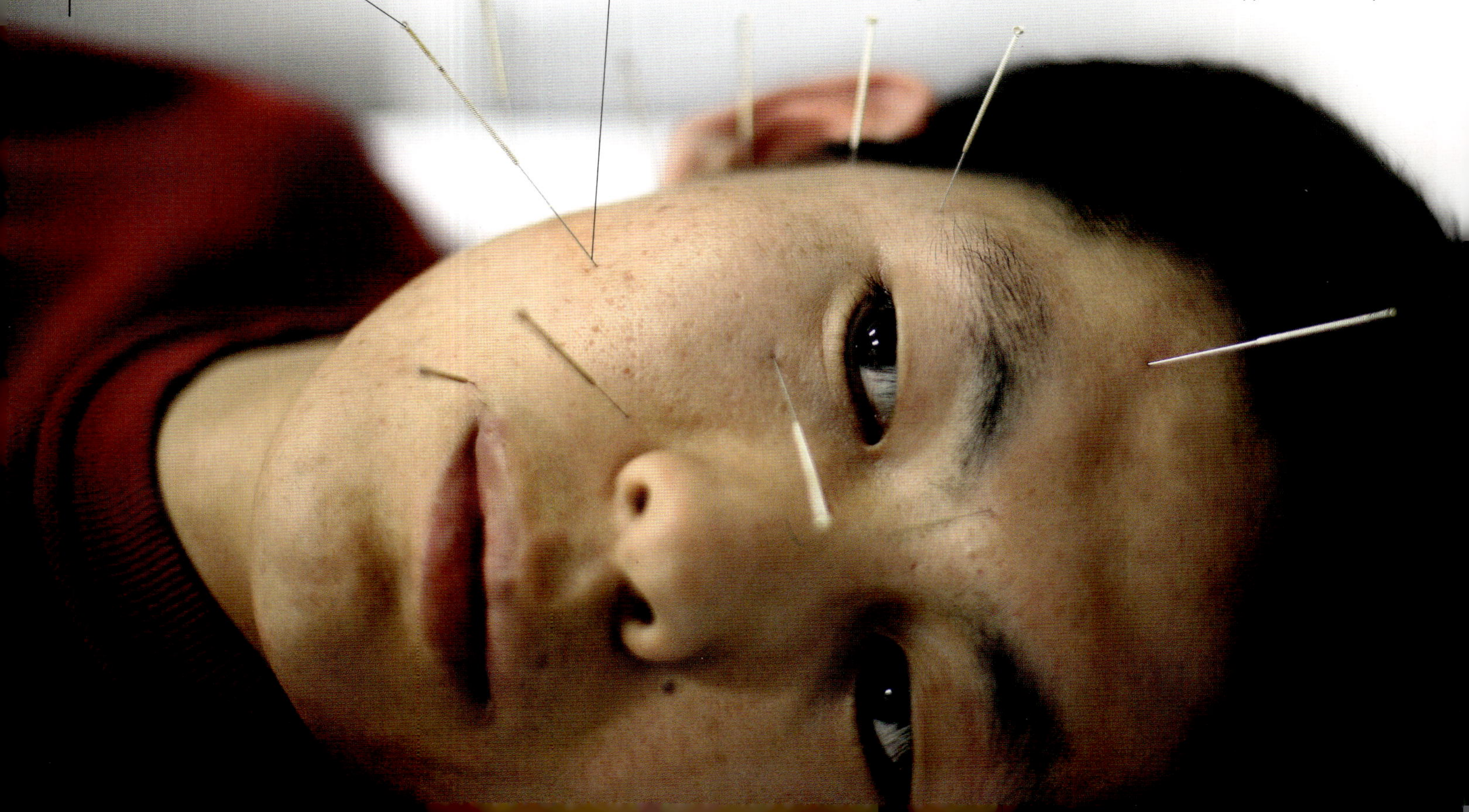

UN DISPENSAIRE RURAL

À la campagne, des petits dispensairess assurent la seule médecine à laquelle de nombreux Chinois ont accès. L'État offre peu de services sociaux et les gens qui tombent malades doivent parfois emprunter de l'argent à leur famille ou à leur amis.

SE RELAXER ET SE RAFRAÎCHIR

La plupart des quartiers commerçants ont des cabines comme celle-ci, où les clients fatigués et les passants peuvent bénéficier d'un massage réparateur. Les panneaux en néon en expliquent les bienfaits. Les massages des pieds et la réflexologie sont très populaires. Les Chinois aiment se faire masser les pieds avec des amis après le travail. Ils plongent leurs pieds dans une bassine d'eau chaude avant de s'allonger sur la table de massage. Le praticien exerce des pressions sur différentes parties du pied pour améliorer le fonctionnement interne du corps.

DES HERBES MÉDICINALES

La médecine chinoise traditionnelle soigne les rhumes, la fièvre, les migraines et les maux de dos. On dit qu'une personne est malade parce que son équilibre intérieur est rompu. Il peut être rétabli avec des herbes. Les racines, les feuilles, les graines, les baies et les champignons font partie des remèdes les plus courants. Ils sont généralement séchés, hachés et réduits en poudre.

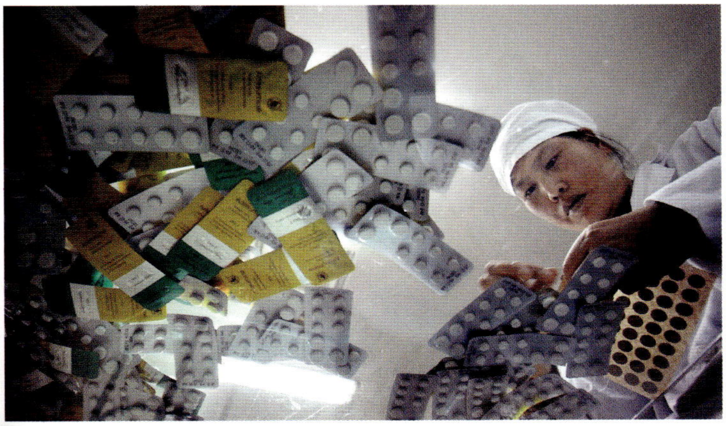

NEUF ET VIEUX

Cette ouvrière d'une compagnie pharmaceutique *high-tech* du sud-est de la Chine, vérifie un médicament contre la malaria. Il contient une herbe, l'armoise sucrée, qui est un ingrédient de la médecine traditionnelle chinoise depuis des siècles. Ce nouveau médicament est exporté dans le monde entier, pour soigner cette maladie transmise par les moustiques et qui tue de un à trois millions de personnes chaque année.

Médecine

LUTTER CONTRE LES MALADIES

Comme dans tout pays dont la population est nombreuse et dense, les risques d'épidémie sont élevés en Chine. Cette photographie a été prise au moment de la propagation du virus du SRAS, en Chine en 2003. Le gouvernement chinois dépense des millions tous les ans pour lutter contre de telles épidémies.

LA NATURE SOURCE D'INSPIRATION
Un grand artiste du XVIe siècle, Wen Zhengming, a crée ce paysage imaginaire en utilisant de l'aquarelle et de l'encre sur papier. Cette peinture, intitulée *Le Printemps à la fleur de pêcher*, est inspirée d'un poème ancien à propos d'un voyage au paradis.

LE MONDE DE L'ART

Les artistes chinois forment aujourd'hui leurs propres communautés, vivant ensemble dans des usines désaffectées ou créant des villages entiers à la campagne. Une riche tradition d'art et d'artisanat a commencé en Chine à l'époque impériale, avec la porcelaine, les peintures de paysages sur papier ou soie, les délicates sculptures en ivoire, jade, terre cuite ou bronze. La calligraphie est également devenue une forme d'art. Pendant la Révolution culturelle (1966-1976), l'art devait se plier aux idées du parti communiste au pouvoir. De nombreux artistes ont fait de la propagande et se sont appliqués à diffuser les mots d'ordre officiels. Les artistes dont le travail n'était pas conforme aux attentes étaient persécutés. Depuis les années 1980, les artistes sont plus libres. Leurs œuvres évoquent souvent les changements contemporains.

LE GRAND TIMONIER
Dans ce tableau, appelé *Le chef glorieux*, un groupe de dockers entoure Mao. La scène est peinte dans un style si réaliste que l'on pourrait croire qu'il s'agit d'une photographie. Le tableau a été peint pendant la Révolution culturelle pour encourager les Chinois à admirer leur chef et à être fiers de la puissance industrielle de leur pays.

Cette main ouverte copie la pose officielle des statues de Mao.

La sculpture en fibre de verre est peinte en gris pour ressembler à de la pierre.

« L'encre la plus pâle vaut mieux que la meilleure mémoire. »

PROVERBE CHINOIS

Art

LA MAIN DE L'HISTOIRE
Cette impressionnante sculpture de l'artiste Sui Jianguo représente le bras droit de Mao Zedong. Jianguo a délibérément copié le style des statues de Mao que le Parti a dressées dans tout le pays. La taille géante de cette statue suggère combien Mao était un personnage puissant, perçu comme un dieu. Mais la statue a un bord déchiqueté comme si ce bras avait été arraché à une statue colossale de Mao. L'artiste veut sans doute signifier que même si ses idées ne dominent plus le pays depuis sa mort, son pouvoir plane toujours sur le pays.

UN NID D'OISEAU
Cette structure bizarre a été érigée à Pékin par le sculpteur Zhu Qi. Un artiste a vécu dans ce nid pendant trente jours et trente nuits. Les passants étaient stupéfaits de voir quelqu'un vivre au grand jour et cela les a fait réfléchir sur leur mode de vie agitée.

LA BIENNALE DE SHANGHAI
Les visiteurs contemplent une des centaines d'œuvres d'art exposées lors de cette manifestation bisannuelle, la plus importante en Chine. Elle présente des sculptures, des peintures, des photographies, des vidéos et des spectacles. Les artistes chinois sont mieux connus maintenant dans le reste du monde, et les collectionneurs se battent pour acheter les plus belles œuvres.

L'ART ANCIEN
Le lavis à l'encre a été inventé en Chine au VIIe siècle, et de nombreux artistes l'utilisent encore à ce jour. Une esquisse comme celle-ci, réalisée par Xu Beihong, demande beaucoup de concentration et des années de pratique. Les élégants coups de pinceaux et les fines traces d'encre doivent être appliqués rapidement et ne peuvent ensuite être effacés.

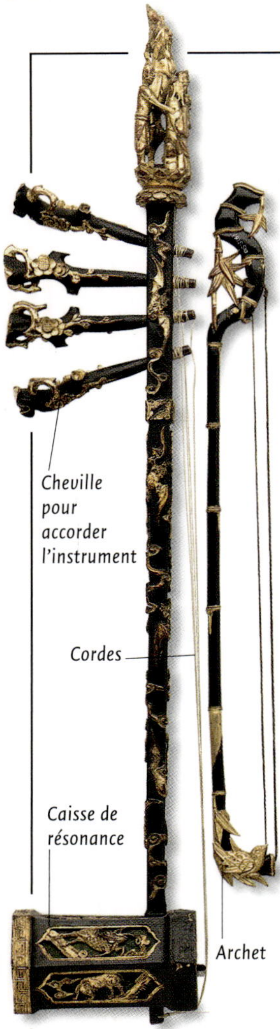

MUSIQUE, THÉÂTRE ET DANSE

La culture chinoise est aujourd'hui plus vivante que jamais. Dans tout le pays les gens participent aux divertissements traditionnels : chanson, opéra, marionnettes, poèmes accompagnés de musique, danse du dragon, musique des maisons de thé conçue pour détendre l'esprit... En ville, ils assistent à des ballets modernes, à des concerts des vedettes de la scène rock ou pop, à des spectacles sur le monde contemporain. La musique et la danse accompagnent les moments importants de la vie – fêtes, mariages ou funérailles. Des musiciens ont composé des chansons pour soutenir ceux qui réclamaient des changements politiques.

Musique

LA POP PROTESTATION
Parfois surnommé le « père du rock chinois », Cui Jian est devenu célèbre dans les années 1980. Il fut l'un des premiers chanteurs à introduire du rock occidental et de la pop dans ses compositions. Ses chansons les plus populaires étaient politiques et critiquaient les chefs du gouvernement.

GARDER LES TRADITIONS VIVANTES
Des groupes folkloriques jouent sur des instruments anciens, comme cette *sihu* ou vièle du XIXe siècle, finement décorée. Si signifie quatre (la vièle a quatre cordes) et *Hu* est la famille d'instruments de musique à laquelle elle appartient. La *sihu* se joue posée verticalement sur les genoux. Elle accompagne le théâtre et les contes, principalement en Mongolie et au nord-est de la Chine.

LA MUSIQUE UNDERGROUND
Wang Bo, un artiste *hip hop* de Pékin, rappe dans une boîte de nuit avec un ami. Des chanteurs comme Wang Bo font partie de la scène underground. Les chansons rap parlent souvent du succès dans la vie et des artistes ont même remixé de vieilles chansons communistes.

LA DANSE DU DRAGON
La plus spectaculaire et énergique des danses chinoises est exécutée par des groupes serpentant dans les rues en brandissant de longs dragons. Les tambours et les gongs donnent le rythme aux danseurs, qui agitent des baguettes pour animer les dragons colorés. Les danses du dragon sont un des temps forts des célébrations du Nouvel an chinois et de nombreuses autres fêtes. Les dragons sont des symboles magiques de prospérité, de chance et de fertilité, et protègent contre les mauvais esprits.

LES DANSEURS DU YUNNAN
Ces danseurs étaient autrefois des paysans de la province de Yuannan. En 2004, ils ont été choisis par un chorégraphe pour jouer un spectacle musical appelé *Dynamic Yunnan* (Yunnan dynamique) qui célèbre les danses ethniques du sud de la Chine.

LES OMBRES CHINOISES
Le théâtre d'ombres existait sans doute déjà il y a 2 000 ans. Les marionnettes sont actionnées en musique, par des baguettes ou des fils métalliques et projettent des ombres sur un drap ou un écran. Elles racontent d'anciens contes, des légendes et des récits religieux. Les spectacles de marionnettes ou *piyingxi* attiraient autrefois les foules dans les marchés de nuit, mais cet art d'adresse perd un peu de sa popularité dans la Chine d'aujourd'hui.

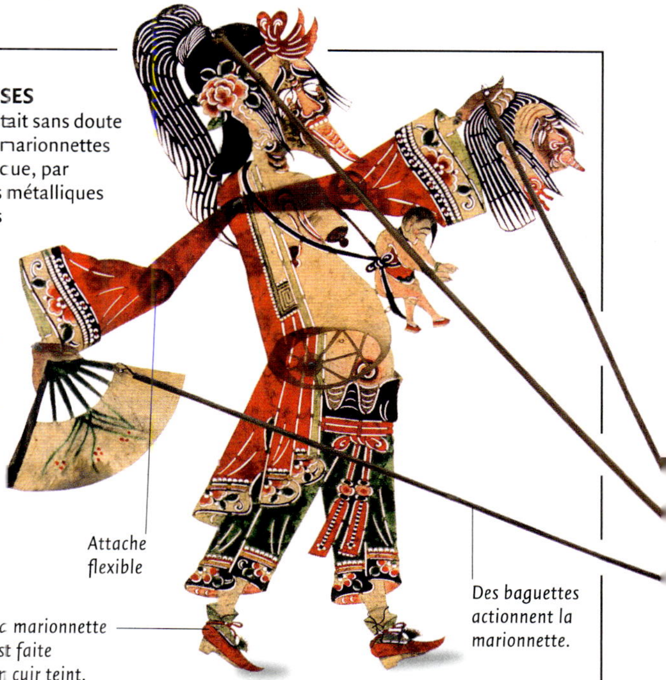

Attache flexible

La marionnette est faite en cuir teint.

Des baguettes actionnent la marionnette.

Les yeux du dragon peuvent être aggrémentés d'éclairs de lumière.

Le premier danseur brandit la tête du dragon en la secouant.

LA COMPAGNIE CLOUD GATE DANCE
Cette compagnie de Taïwan doit son nom à la plus ancienne danse chinoise. La troupe mêle les arts martiaux, l'opéra chinois et la méditation à des danses occidentales. On la voit ici interpréter un spectacle appelé *Moon Water* (La lune sur l'eau) sur une scène couverte de miroirs.

LE CINÉMA

Des siècles avant l'invention du cinéma, les Chinois se rassemblaient déjà devant un écran pour assister aux spectacles d'ombres chinoises. Un film a été projeté en Chine dès 1896. Ce fut le début d'un nouveau genre de spectacle, présenté dans les maisons de thé et produit à Shanghai par des compagnies étrangères. Vers 1930, la Chine a créé sa propre industrie cinématographique, qui a été reprise par le parti communiste après son arrivée au pouvoir. Dans les années 1970, des artistes qui voulaient réaliser des films personnels ont dû les tourner en secret pour échapper à la censure. Aujourd'hui des films chinois à gros budget attirent de larges publics dans le monde entier.

SPRING IN A SMALL TOWN
Ce film de 1948, longtemps censuré par le gouvernement, raconte l'histoire d'une femme partagée entre son devoir envers son mari et les désirs de son cœur. Contrairement à celles du cinéma hollywoodien, les histoires d'amour chinoises se terminent souvent mal, dans une souffrance qui illustre le conflit entre l'amour véritable et les pressions familiales dans une culture confucianiste.

TIGRE ET DRAGON
Tigre et dragon de Ang Lee (2000) est le film le plus populaire jamais réalisé en langue chinoise et il a remporté quatre oscars à Hollywood. Son succès a inspiré l'intérêt du monde entier pour les films d'arts martiaux tels que *Hero* de Zhang Yimou (2002). Certains Chinois ont critiqué ce film en disant que s'il était beau à regarder, il manquait de profondeur et donnait une vue stéréotypée de la Chine.

Le trophée des Golden Horse

LE GOLDEN HORSE FESTIVAL
Le Golden Horse festival annuel de Taïwan est l'équivalent chinois des oscars américains. Les gagnants sont sélectionnés après un festival d'un mois présentant de nombreux films nominés. On voit ici l'acteur hongkongais Andy Lau, prix du meilleur acteur pour *Infernal Affairs III* (2004).

L'INDUSTRIE DU KUNG FU
Ces films d'action, dont les sujets sont inspirés par des combattants légendaires, sont devenus populaires à partir des années 1920. Après la révolution communiste, l'industrie du film de Shanghai s'est installée à Hongkong et en a fait le centre de production de films de *kung fu*. Ce genre, qui mélange des histoires hollywoodiennes aux arts martiaux, avec une conception typiquement chinoise, attire aujourd'hui les foules dans le monde entier.

Cinéma

Affiches de films occidentaux et chinois

LE BOX OFFICE
En Chine, une place de cinéma est plus chère qu'un repas ou un DVD, et ce sont donc principalement des jeunes aisés qui le fréquentent. Les cinémas projettent des films chinois approuvés par le gouvernement ainsi que des films étrangers, avec un quota bien précis. Quand un film occidental sort, il est souvent retiré de l'affiche au bout de quelques semaines pour permettre à des films chinois d'être diffusés à leur tour.

ANG LEE
Ang Lee (1954-), un réalisateur tawanais, a connu un succès international avec le *Garçon d'honneur* (1993) et *Salé sucré* (1994), un film comique qui décrivait la relation délicate entre un chef cuisinier chinois et ses filles. À l'âge de quarante ans, il a commencé à faire des films à Hollywood. *Le secret de Brokeback Mountain* (2005), histoire de deux cow-boys américains qui tombent amoureux, a fait de lui le premier Asiatique à remporter l'oscar du meilleur réalisateur.

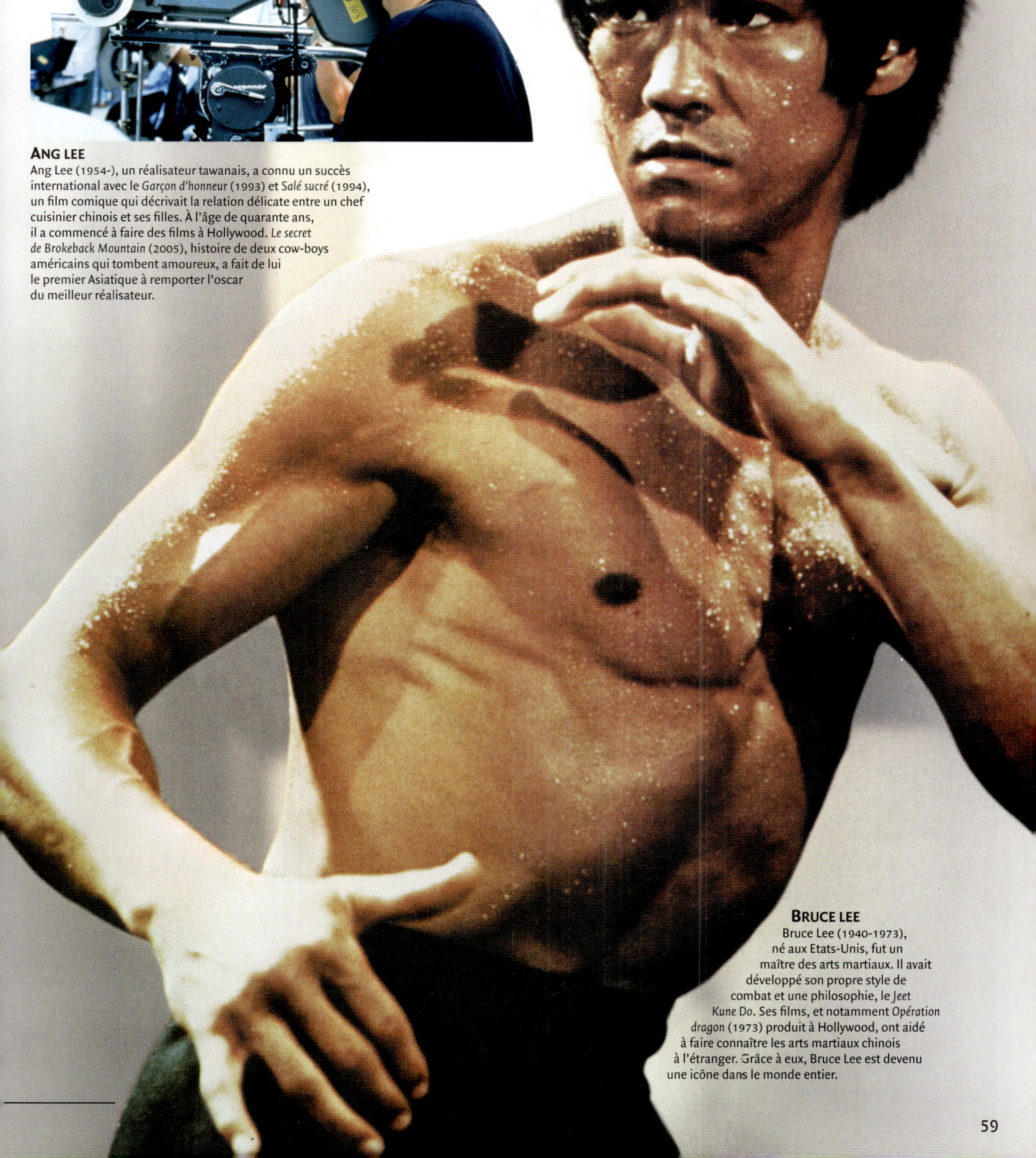

BRUCE LEE
Bruce Lee (1940-1973), né aux Etats-Unis, fut un maître des arts martiaux. Il avait développé son propre style de combat et une philosophie, le *Jeet Kune Do*. Ses films, et notamment *Opération dragon* (1973) produit à Hollywood, ont aidé à faire connaître les arts martiaux chinois à l'étranger. Grâce à eux, Bruce Lee est devenu une icône dans le monde entier.

La vie sportive

La forme physique et les talents sportifs ont une grande importance en Chine, et les gens considèrent le sport à la fois comme une source de santé et d'amusement. Le pays possède une longue tradition d'arts martiaux, qui sont des disciplines de combat mais aussi une façon de se relaxer et de rester en forme. La Chine est également célèbre pour ses nombreuses victoires aux épreuves de gymnastique, de badminton, de tennis de table, d'athlétisme et de plongée. Aujourd'hui, de nouvelles disciplines comme le golf, le ski et la Formule 1 emportent un grand succès, mais les sports plus anciens, comme l'équitation, les courses de bateaux-dragons et la lutte mongole attirent toujours les foules.

Le ping- pong
Le tennis de table, qui ne nécessite pas un équipement cher et peut être joué à la fois à l'extérieur et à l'intérieur, est un des sports favoris des Chinois. Environ 200 millions d'amateurs pratiquent régulièrement ce sport, et de nombreux Chinois figurent parmi les plus grands professionnels du monde.

Le sport pour tous
En ville, personne ne vit loin d'une installation sportive. On se retrouve entre voisins pour profiter des aménagements gratuits que l'on trouve un peu partout. Les salles municipales et les écoles mettent à disposition leurs terrains de basket. Pratiquer ce sport ou assister à un match du championnat est extrêmement populaire en Chine.

Sport

La bride est garnie de pompons et de rubans.

Un nouveau venu
Le football avait peu de supporters jusque dans les années 1980 et pas d'équipe professionnelle avant 1994. Aujourd'hui, la Chine s'est entichée de ce sport et le foot féminin y a plus de succès que dans les autres pays. Les joueuses de l'équipe nationale sont connues de tous.

Talents acrobatiques
La gymnastique est une forme d'art en Chine, et les meilleurs gymnastes sont considérés comme des héros. Les enfants de la prestigieuse école de sports Shichahai à Pékin, commencent dès l'âge de quatre ans, et disputent leurs premières compétitions trois ans plus tard. Les élèves doivent assouplir leur corps le plus tôt possible et s'entraîner très dur pour développer leur agilité.

LE CIRCUIT AUTOMOBILE DE SHANGHAI
Le désir de la Chine d'atteindre les plus hautes récompenses internationales a conduit le gouvernement à construire des équipements sportifs spectaculaires. Son premier circuit de Grand Prix automobile a ouvert à Shanghai en 2004. La piste a le dessin du caractère chinois « shang » qui représente la première lettre du nom de la ville.

« Avec la force pour soulever des montagnes et l'esprit pour dominer le monde. »

XIANG YU, GÉNÉRAL DE LA DYNASTIE QIN, 232-202 AV. J.-C.

KUNG FU
Le *kung fu* signifie « adresse ». Ce mot se réfère à tous les arts martiaux chinois, comprenant des centaines de type de combats. Certaines techniques de *kung fu* se servent d'armes comme des épées ou des perches, tandis que d'autres ne reposent que sur des mouvements de défense ou des techniques pour déstabiliser l'adversaire. La ville de Shaolin dans la province du Henan, dans le centre de la Chine, possède de très nombreuses écoles d'arts martiaux, qui combinent l'entraînement au combat et des leçons pour améliorer la concentration et la force mentale.

UNE COURSE DE CHEVAUX TIBÉTAINS
À la fin de l'été, les Tibétains font des kilomètres pour assister à des courses de chevaux. La plus fameuse se tient sur la plaine de Litang, dans la province du Sichuan, et rassemble plus de 50 000 spectateurs. Chaque village choisit un cavalier pour le représenter face aux autres villages de la région.

L'HEURE DU BAIN
Le soir, dans les ruelles, on peut voir des parents sur le pas de la porte donnant le bain à leurs enfants, ou se lavant eux-mêmes. Nombre de maisons dans les campagnes manquent d'eau. Les familles se lavent dans des bassines d'eau remplies au puits ou au robinet public.

LA FIN DE LA JOURNÉE

Après le coucher du soleil, de vastes régions de Chine sont plongées dans le noir et le silence, mais villes et usines continuent d'éclairer le ciel. De nombreux Chinois rencontrent des amis après le travail ou l'école pour partager un repas ou aller au cinéma. D'autres s'occupent de leur famille. D'autres encore travaillent ou étudient tard dans la nuit pour augmenter leurs revenus ou compléter leur formation. La dernière chose que font les Chinois avant d'aller au lit est de se laver les pieds, qui ont porté le poids de leur corps toute la journée. Avant de s'endormir, ils se souhaitent *wan'an* les uns aux autres, ce qui signifie « nuit paisible ». La Chine devient alors le pays aux 1,3 milliards de rêves. Et ce que sera l'avenir de la nation dépend en grande partie de ce que font ses habitants quand ils se lèvent le matin...

ÉTUDIER À LA MAISON
Même les très jeunes enfants sont sous pression pour travailler dur et réussir leurs examens pour avoir plus tard un bon travail. Les élèves de l'école primaire étudient en moyenne trois heures tous les soirs. En ville, ils ont souvent aussi une activité extrascolaire comme la peinture, les échecs ou la musique.

LES TRAVAILLEURS DE NUIT
Les villes chinoises se développent si vite que de nombreux chantiers de construction, comme ici à Shanghai, fonctionnent 24 h sur 24 pour finir les immeubles dans les délais. Les lois sur le travail stipulent que les gens ne doivent pas travailler plus de huit heures par jour et quarante heures par semaine. Mais près de la moitié des ouvriers sur les chantiers travaillent davantage. Ils commencent tôt le matin et continuent tard le soir à la lumière de gros projecteurs.

Un feu de camp le soir

Dans des régions reculées, sans électricité, le jour se termine quand le feu s'éteint. Ces pèlerins tibétains se blottissent autour du feu pendant leur longue marche vers le mont Kailash, au cœur de l'Himalaya. Pour les bouddhistes, cette montagne sainte est le centre de l'univers, et des milliers d'entre eux font le pèlerinage tous les ans.

Le karaoké

Une des façons les plus populaires de s'amuser en Chine après une journée de travail est de se rendre dans un bar karaoké avec des amis. Ce divertissement a commencé au Japon et s'est vite étendu à Hongkong et au reste de la Chine. Aujourd'hui, dans tout le pays, des gens chantent de tout leur cœur dans les bars et les centres karaoké qui louent des salles privées. Les Chinois ne sont pas des chanteurs timides, que ce soit chez eux avec leur propre matériel ou en public comme ce roi du karakoé, plein d'assurance.

Le relai de télévision Oriental Pearl illumine le ciel au centre de Shanghai.

Dîner dehors

Plutôt que de cuisiner à la maison, les Chinois dînent volontiers dans un marché de nuit ou dans l'un des nombreux petits restaurants bon marché, les *canting* ou *canguan*. Ce sont des endroits bondés et bruyants, où dominent les rires et les grésillements de la cuisine. Ici les gens échangent des nouvelles, loin de la pression du bureau et de l'école. Ils commandent un assortiment de plats aux goûts, aux couleurs et aux textures variés. Ils boivent du thé ou des boissons non alcoolisées, ou parfois, entre amis, de l'alcool de riz chaud.

Le grand nettoyage

Une fois les restaurants, bars, cafés, marchés de nuit vidés et la ville assoupie, une armée de nettoyeurs entre en action. Des milliers de balayeurs de rue travaillent toute la nuit pour que la ville soit prête le lendemain. Ils n'utilisent généralement rien de plus qu'un balai et une petite charrette à bras pour les déchets. Dès 5 h 30, les rues grouilleront à nouveau de monde.

La carte de la Chine

Dans sa plus grande largeur, la Chine s'étend sur plus de 5 000 km à travers le continent asiatique. Du nord au sud, le bloc continental s'étend à peu près sur les mêmes latitudes que les États-Unis. On dit parfois que sa forme ressemble à un jeune coq, les îles de Hainan et Taïwan figurant ses « pieds ». La Chine possède plusieurs zones climatiques, et connaît les climats les plus extrêmes. Au sud et à l'est, les moyennes de température peuvent dépasser les 30 °C en été, mais dans les régions du nord, elle peut tomber à -25 °C l'hiver.

Les fuseaux horaires

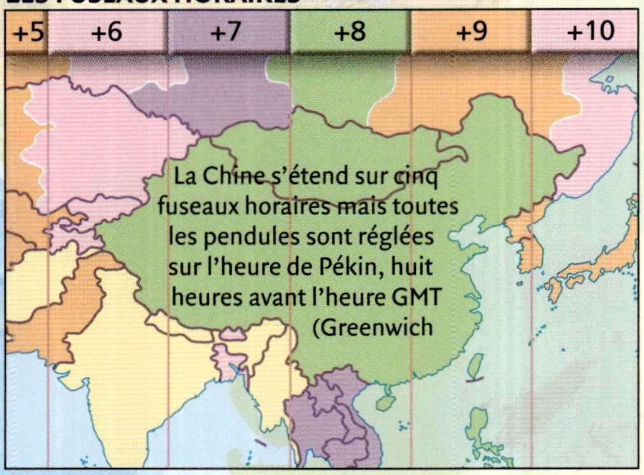

La Chine s'étend sur cinq fuseaux horaires mais toutes les pendules sont réglées sur l'heure de Pékin, huit heures avant l'heure GMT (Greenwich)

Un pays, de nombreuses régions

Des différences régionales

La Chine est divisée en plusieurs provinces et régions (voir ci-contre). Taïwan est considérée comme une de ces provinces, même si cela est discuté par le gouvernement de Taïwan. Le Tibet est dirigé essentiellement par la Chine, mais le gouvernement tibétain en exil, dirigé par le Dalaï-Lama, considère que le Tibet est occupé par la Chine. Hongkong et Macao furent autrefois respectivement des colonies britannique et portugaise, mais ont été rendues à la Chine en 1997 et 1999. Elles ont leur propre monnaie (le dollar hongkongais et le pataca) et une certaine liberté législative par rapport à la Chine. Mais celle-ci reste responsable de leur défense et contrôle leurs affaires étrangères.

Légende
Altitude
4 000 m
2 000 m
1 000 m
500 m
250 m
100 m
0
250 m
2 000 m
4 000 m
Sous le niveau de la mer
montagne
col
Population
plus d'1 million
500 000 à 1 million
100 000 à 500 000
moins de 100 000
Le carré rouge signale la capitale du pays
Cartographie
LE TOP 10 DE LA CHINE
Voici une courte sélection des plus beaux paysages, des hauts-lieux culturels et des sites technologiques.
1 Mont Everest
2 Grande Muraille de Chine
3 Centre spatial de Jiuquan
4 Guerriers de terre cuite
5 Cité interdite
6 Barrage des Trois Gorges
7 Temple de Shaolin
8 Voie ferrée Qinghai-Tibet
9 Forêt pétrifiée de Shilin
10 Grottes de Dazu
Échelle 1:20 000 000
0 km 200 400 600 800 1 000
0 miles 200 400 600
N
O
E
S
FÉDÉRATION DE RUSSIE
MONGOLIE
Gobi
CHINE
CORÉE DU NORD
CORÉE DU SUD
TAÏWAN (revendiquée)
PHILIPPINES
VIETNAM
LAOS
Amour
Ergun
Hulun Nur
Grand Khingan
Petit Khingan
Nenjiang
Oussouri
Lac Khanka
Mandchourie
Qiqihar
Harbin
Jixi
Changchun
Chifeng
Anshan
Chengde
Pékin (Beijing)
Dalian
Golfe de Corée
Bo Hai
Baotou
Fleuve Jaune
Yabrai Shan
Désert de Tengri
Qinghai Hu
Grande Muraille
Taiyuan
Qingdao
Mer Jaune
Linyi
Lanzhou
Zhengzhou
Tianshui
A'nyemaqen Shan
Xi'an
Yancheng
Hongze Hu
Nankin
Shanghai
Tai Hu
Han Shui
Yangzi
Bassin rouge
Wuhan
Hangzhou
Ningbo
Chengdu
Chongqing
Jinhua
Poyang Hu
Dongting Hu
Nanchang
Wenzhou
Mer de Chine orientale
Pingxiang
Fuzhou
Guiyang
Yongzhou
Taipei
Taichung
Détroit de Formose
Xiamen
Kunming
Liuzhou
Kaohsiung
Taiwan
Canton (Guangzhou)
Hongkong
Yulin
Fleuve Rouge
Golfe du Tonkin
Zhanjiang
Mer de Chine méridionale
Détroit de Luzon
Hainan

CHRONOLOGIE

Certains historiens envisagent le passé impérial de la Chine comme une série de cycles. Chaque dynastie a connu son apogée avant de disparaître. La Chine a été conquise par de nombreux maîtres et les a absorbés. Elle a traversé des périodes sanglantes et des famines suivies par des périodes d'ordre et de prospérité. Pour de nombreux Chinois, le progrès n'est qu'un nouveau cycle. Quel que soit son avenir, la Chine a toujours eu assez de vitalité pour surmonter tous les bouleversements.

600 000 AV. J.-C.
Considéré comme le plus vieux fossile humain en Chine, « l'homme de Pékin » date de cette période.

10 000-3 000 AV. J.-C.
Pendant la période néolithique, des villages s'implantent sur les rives du Fleuve Jaune, et des fleuves Yangzi Jiang et Huai.

3 000-221 AV. J.-C.
Âge du bronze : contrairement à l'Europe, qui en fait des outils, la Chine l'utilise pour réaliser des ornements destinés aux cérémonies funéraires.

VERS 1650-1027 AV. J.-C.
Règne des Shang, la plus ancienne dynastie. Ses dirigeants introduisent le culte des ancêtres.

Guerrier de terre cuite de la dynastie Han

1027-481 AV. J.-C.
Sous la dynastie Zhou, nombreux royaumes féodaux.

481-221 AV. J.-C.
Pendant la période des Royaumes Combattants, les Princes luttent les uns contre les autres pour s'emparer du pouvoir, la dynastie Zhou étant sur le déclin. Confucius, Laozi et d'autres penseurs enseignent l'harmonie et la paix comme une autre façon de vivre.

221-207 AV. J.-C.
Qin Shi Huangdi unifie la Chine et devient le premier empereur. Il construit la première Grande Muraille pour protéger l'empire des envahisseurs, et aussi enfermer ses sujets. Il soude son empire en établissant un système standard d'écriture, de monnaie et de mesure, et en instaurant un système d'administration centrale. L'armée de 8 000 guerriers en terre cuite qui gardait sa tombe fut l'un des plus grandes découvertes archéologiques du XXe siècle.

207 AV. J.-C.-220 AP. J.-C.
La dynastie Han renverse les Qin et renforce le pouvoir impérial en introduisant un concours d'entrée dans la fonction publique et en établissant une bureaucratie hiérarchisée qui va dominer la Chine pendant les 2 000 ans suivants. La capitale, Chang'an, est une des deux plus grandes villes au monde à cette époque, avec Rome. Le développement d'outils en fer, comme les charrues permet à l'agriculture et à l'industrie de progresser rapidement. L'industrie du papier se développe également.

221-618
Une autre période de désunion est suivie du règne de la dynastie Sui, qui réunifie le nord et le sud de la Chine. Le bouddhisme commence à poser ses marques pendant cette période mouvementée.

618-960
Pendant la dynastie Tang, l'empire est à l'apogée de sa puissance. Pendant cette période de prospérité, les marchands du monde entier affluent à Chang'an, la ville la plus grande et la plus riche du monde. La poésie, la musique et la peinture prospèrent. Le concours d'entrée dans la fonction publique est amélioré pour que les magistrats soient recrutés pour leur mérite et non selon leur origine. La période d'invasions, de rébellion et de désunion qui suit après 907 est connue sous le nom des Cinq Dynasties.

960-1279
La Chine est à nouveau unifiée sous les empereurs Song. La période est caractérisée par une grande avancée dans les domaines de la science et de la technologie, comme en matière de poésie et de peinture

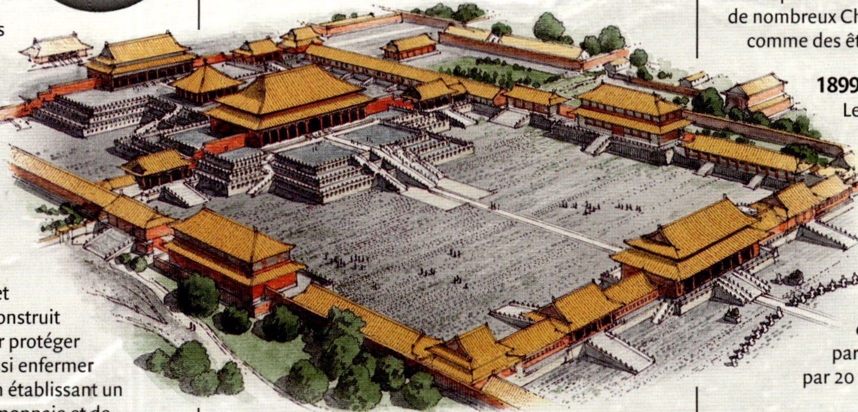

Le centre de l'immense complexe du Palais Impérial à Pékin, connu sous le nom de Cité Interdite. Datant du Ve siècle, ce palais possède 800 bâtiments et 8 000 pièces.

Commode en bois laqué du XIXe siècle, dynastie Qing

1279-1368
La Chine est dominée par les Mongols sous le règne de Genghis Khan. La dynastie Yuan a été fondée par son petit-fils, Kubilay Khan. Le commerce international se développe, la Chine prenant le contrôle des routes de commerce, les Routes de la Soie, vers l'Occident. À l'est du pays est construit le Grand Canal, qui relie le Yangzi Jiang au Fleuve Jaune Uns nouvelle capitale est implantée à Dadu (Pékin). De nombreux européens, comme Marco Polo, viennent en Chine et en rapportent des inventions, comme la poudre à canon.

1368-1644
Les Chinois chassent les Mongols et la dynastie Ming prend le pouvoir. Les empereurs Ming construisent une nouvelle Muraille et améliorent le Grand Canal. Leur dynastie devient célèbre pour son art raffiné. La Chine cherche à étendre son pouvoir à l'étranger en envoyant l'amiral Zheng He à la tête d'expéditions maritimes en Asie et en Arabie entre 1405 et 1433. Au XVIIe siècle, la porcelaine chinoise et d'autres objets de luxe sont très recherchés par les Européens.

1644-1912
Les Mandchous envahissent le pays et fondent la dynastie Qing, qui entre en déclin au XIXe siècle, en raison de difficultés financières et de conflits politiques internes. Après une série de guerres, dont celle de l'Opium (1839-1842), la Chine est contrainte de faire des concessions commerciales et territoriales aux Européens. Elle doit céder Hongkong aux Britanniques et Macao aux Portugais. Ces humiliations sont à l'origine d'une longue période de suspicion à l'égard de l'Occident et conduisent de nombreux Chinois à considérer leurs dirigeants comme des êtres faibles et corrompus.

1899-1901
Les Boxers, une secte religieuse du nord de la Chine, propagent la haine envers les étrangers. Ils forment une alliance avec l'impératrice Ts'eu-hi. Ils déclenchent la guerre des Boxers en s'attaquant aux Occidentaux en Chine et en tuant des milliers de chrétiens chinois. La révolte s'achève par l'occupation de Pékin par 20 000 soldats occidentaux.

1911
La Révolution chinoise renverse la dynastie Qing, la remplaçant par la République de Chine. Son premier président, Sun Yat-sen, fonde le Kuomintang (KTM), parti nationaliste.

1912-1919
Les chefs militaires régionaux se disputent le pouvoir. L'instabilité politique conduit les intellectuels à former le Mouvement du 4 mai, en 1919, qui donne une nouvelle direction à la politique et à la culture chinoises. Attirés par les idées socialistes, certains des responsables, dont Mao Zedong, fondent le parti communiste chinois (PCC).

1926
Sun Yat-sen meurt en 1925 et le général Tchang Kaï-chek prend le pouvoir au sein du Kuomintang. Il s'oppose aux chefs militaires.

Des recrues dans une école de l'armée impériale pendant la guerre des Boxers de 1898 à 1901

1927-1949
La guerre civile commence après la tentative de Tchang d'écraser les communistes à Shanghai.

1934-1935
Les troupes du KMT tentent de bloquer l'armée communiste dans sa base du sud de la Chine, la forçant à fuir dans les montagnes. Durant cette retraite, appelée La Longue Marche, Mao Zedong assume la direction du parti communiste.

1937-1945
Le Japon occupe la Mandchourie au nord-est de la Chine, provoquant une guerre sino-japonaise que la Chine finit par gagner.

1949
Le KMT perd la guerre civile et fuit vers l'île de Taïwan, où Tchang a établi un gouvernement rival. En Chine, Mao fonde la République Populaire de Chine (RPC).

Le président des États-Unis Richard Nixon avec Zhou Enlai, Premier ministre de Mao, pendant sa visite historique en Chine en 1972

1950-1953
La Chine participe à la guerre de Corée. Elle soutient le gouvernement communiste nord-coréen contre les États-Unis.

1953-1963
Mao Zedong lance les premiers plans quinquennaux. Le second est appelé le « Grand bond en avant ». Il veut transformer à marche forcée la Chine de pays agricole en nation industrielle. Cette politique coûte très cher au peuple chinois. Le bouleversement du régime agricole, par exemple, entraîne une pénurie massive de nourriture et 30 millions de personnes meurent de faim.

1964
La Chine procède à ses premiers essais nucléaires.

1966-1976
Mao lance la Révolution culturelle pour combattre ses rivaux politiques, trouver de solides appuis pour ses idées, et détruire le passé. Il s'appuie sur un mouvement de jeunes gens, les Gardes Rouges, pour étendre la Révolution et lutter contre ses ennemis.

Ce tableau de propagande, intitulé L'Idéal révolutionnaire est suprême, décrit une scène de la Longue Marche (1934-1935) qui a joué un rôle crucial dans la prise de pouvoir de Mao Zedong avec le soutien du parti communiste.

1976-1997
A la mort de Mao, en 1976, Deng Xiaoping prend le pouvoir. Il entreprend des réformes économiques pour encourager l'entreprise privée et ouvrir l'économie chinoise aux investissements étrangers.

1989
Les étudiants qui manifestent sur la place Tian'anmen à Pékin réclament des réformes politiques. C'est le plus grand mouvement de protestation jamais connu en Chine, mais il est écrasé par l'armée.

1995
L'économie atteint une croissance très forte.

1997
En juin, le Royaume-Uni restitue Hongkong à la Chine.

2001
La Chine rentre pleinement dans le commerce mondial en acceptant de devenir membre de l'Organisation mondiale du commerce (OMC).

2003
La Chine lance sa première mission spatiale habitée, devenant ainsi le troisième pays dans l'espace après l'URSS et les États-Unis.

2004
La Chine modifie sa Constitution pour reconnaître le droit à la propriété privée.

2006
Hu Jintao, président depuis 2003, présente sa conception d'une « Société Harmonieuse », une tentative pour réduire l'écart grandissant entre les riches et les pauvres et entre la ville et la campagne

2008
Pékin va accueillir les jeux Olympiques.

Hu Jintao au cours d'un forum régional en 2006

CHINOISES ET CHINOIS

Hommes politiques, généraux, chefs d'entreprise, acteurs, chanteurs, sportifs, hommes d'affaires, écrivains, scientifiques, inventeurs, artistes, architectes... depuis un siècle, les Chinois excellent dans tous les domaines. Certains sont devenus des figures célèbres dans le monde entier. Dominant son temps, Mao est l'un des chefs politiques les plus controversés du monde communiste.

Jung Chang, célèbre pour ses mémoires, Les Cygnes sauvages

SUN YAT-SEN (1866-1925)

Ce chef révolutionnaire a joué un rôle important en renversant la dynastie Qing en 1911. Cofondateur du parti nationaliste Kuomintang (KMT), il est devenu le premier chef et le premier président de la République de Chine. Il est aujourd'hui révéré aussi bien en Chine qu'à Taïwan, où on le surnomme le « Père de la Nation ».

Jiang Qing, membre de « La Bande des Quatre », lors de son procès en 1980

TCHANG KAÏ-CHEK (1887-1975)

Successeur de Sun Yat-sen à la tête du Kuomintang, il devient le principal leader chinois après avoir soumis les factions militaires. Dans les années 1930, il se bat contre les communistes, contre ses adversaires au sein du Kuomintang, puis contre les Japonais, qui envahissent la Chine en 1937. La guerre contre le Japon renforce sa position et le soutien des États-Unis lui donne une stature internationale. La guerre civile, qui reprend dès 1946, se termine par sa défaite face à Mao et ses troupes communistes. Il se retire en 1949 à Taïwan, où il fonde la République de Chine, qu'il dirige jusqu'à sa mort.

MAO ZEDONG (1893-1976)

Fils d'un riche paysan du Yunnan, Mao s'est engagé en politique à la fin des années 1920. Après l'échec d'une tentative d'insurrection contre le pouvoir de Tchang Kaï-chek, il est forcé de battre en retraite par les troupes du Kuomintang. Au terme de la Longue Marche (1934-1935), il devient le chef du parti communiste chinois. Le 1er octobre 1949, après sa victoire sur Tchang, il fonde la République populaire de Chine. Après avoir mis les médias à ses ordres pour promouvoir sa pensée et la ligne du parti, il lance, en 1958, une campagne de collectivisation et d'industrialisation intensive. Il s'ensuit une famine qui fait 30 millions de morts. En 1966, il se débarrasse de ses rivaux politiques en lançant la Révolution culturelle. Il impose la lecture des Citations du Président Mao et donne toute liberté à des groupes de jeunes fanatiques, les Gardes rouges, qui harcèlent les prétendus ennemis du peuple et plongent le pays dans un nouveau chaos. Après sa mort en 1976, le réformateur Den Xiaoping lui succède. Aujourd'hui, la Chine n'en a pas fini avec le culte de Mao. Beaucoup le considèrent comme l'un des pires dictateurs de l'histoire.

QIAN XUESEN (1911-)

Il est considéré comme le père du programme spatial de la Chine. Ce physicien nucléaire a étudié la technologie aux Etats-Unis, dont il a été expulsé en 1955 pour sympathies communistes. Il a collaboré à la création du premier missile balistique chinois et ses recherches ont servi de base à la mise au point de la fusée chinoise, baptisée *La Longue Marche.*

JIANG QING (1914-1991)

Quatrième épouse de Mao, membre de la « Bande des Quatre », Jiang a joué un rôle prépondérant dans la Révolution culturelle. Elle s'est défendue à son procès en disant : « J'étais le petit chien du grand chef Mao. Quand il me disait de mordre, je mordais ». Elle a été condamnée à la prison à vie et s'est pendue dans sa cellule.

Jackie Chan dans une scène de Rush Hour *(1998)*

La pyramide du Louvre par I. M. Pei

I.M. PEI (1917-)

Cet architecte est reconnu dans le monde entier. Né à Guangzhou, Pei a étudié aux États-Unis où il vit aujourd'hui. Utilisant principalement le verre et l'acier, ses réalisations comprennent la Tour de la Banque de Chine, à Hongkong (1982-1990) et la Pyramide du Louvre, à Paris (1989).

Li Ning a remporté six médailles aux jeux Olympiques de Los Angeles, dont deux médailles d'or.

LI KA-SHING (1928-)
Ce magnat de l'industrie a débuté comme vendeur à Hongkong avant de bâtir un empire qui s'étend à tous les domaines : construction, immobilier, banque, ciment, communications, matières plastiques, commerce, hôtellerie, aéroports, énergie électrique, activités portuaires, transports maritimes et sidérurgie. Il est le Chinois le plus riche du monde et il a crée une fondation qui accorde des bourses dans des domaines tels que l'éducation, la santé, la culture et les grands travaux communautaires.

GAO XINGJIAN (1940-)
Cet essayiste, dramaturge et romancier vit à Paris depuis 1988. Dans *La Montagne de l'âme*, son œuvre la plus fameuse, il utilise plusieurs voix pour conter l'histoire d'un homme qui escalade une montagne. Le prix Nobel de littérature lui a été attribué en 2000. Il est également peintre.

ZHANG YIMOU (1951-)
Zhang est le chef de file de la génération de réalisateurs qui a fait connaître le cinéma chinois à l'étranger. Ses premiers films à petit budget comme *The road Home* (1999) et *Ju Dou* (1990) mettent en avant les problèmes de la ville et de la campagne en Chine. Ses récentes épopées historiques comme *Hero* (2002) et *Le Secret des Poignards volants* (2004) sont admirés pour les scènes de combat chorégraphiées et l'utilisation magnifique des couleurs. Zhang mettra en scène la cérémonie d'ouverture des jeux Olympiques en 2008 à Pékin.

JUNG CHANG (1952-)
Cette romancière maintes fois récompensée vit aujourd'hui en Angleterre. Son best-seller international, *Les Cygnes sauvages* (1992), raconte l'histoire de trois générations de femmes (la grand-mère, la mère et elle-même) à travers les événements du XXe siècle en Chine.

JACKIE CHAN (1954-)
Ce chanteur, acteur cascadeur, star du *kung fu*, réalisateur et scénariste, travaille principalement à New York aujourd'hui. Il chante les musiques des génériques de la plupart de ses films. Il produit aussi sa propre série de dessins animés.

LI NING (1963-)
Ce gymnaste a remporté trois médailles d'or, deux d'argent et une de bronze aux jeux Olympiques de Los Angeles, en 1984. Au cours de ses dix-neuf ans de carrière, Li a remporté plus de cent médailles et a donné à la Chine la réputation d'une grande nation sportive. Il a pris sa retraite en 1982, et a créé une marque d'articles de sport qui porte son nom. Il possède aujourd'hui des centaines de magasins.

YANG LIWEI (1965-)
En 2003, Yang est devenu un héros national en tant que premier spationaute, ou « taïkonaut », chinois à être envoyé dans l'espace. Ce colonel de l'Armée Populaire de Libération a parcouru quatorze orbites en vingt-quatre heures dans la navette *Shenzhou V*, lancée par la fusée *Longue Marche*. Son vol est considéré comme un exploit technologique chinois.

WANG DAN (1969-)
Cet étudiant, chef du mouvement de la place Tian'anmen, a été jugé et emprisonné à deux reprises, en 1989 et 1995, pour avoir « conspiré » contre le régime communiste. Il a passé sept ans en prison et a finalement été exilé aux États-Unis grâce à la pression de l'opinion internationale.

Yang Liwei pendant une interview en direct de l'espace

Deng Yaping en course pour la médaille d'or

Wang Fei a été sacrée « Meilleure artiste féminine » lors des Golden Melody Awards en 2004, à Taiwan.

WANG FEI ALIAS FAYE WONG (1969-)
Cette diva de la pop hongkongaise est l'une des stars de Canto-Pop (chanté en cantonais) qui vend le plus de disques dans le monde. Plus récemment, elle a commencé à écrire ses propres chansons dans un style plus occidental. Elle est aussi une célèbre actrice et a joué dans *Chungkung Express* (1994) et *Chinese Odyssey 2002* (2002).

DENG YAPING (1973-)
Cette sportive a gagné quatre médailles d'or pour l'équipe féminine de Chine de ping-pong et a défendu dix-huit fois avec succès son titre de championne du monde. Elle a été élue sportive chinoise du siècle en 1999.

ZHANG ZIYI (1979-)
Cette actrice connue dans le monde entier a commencé sa carrière dans le film *The Road Home* de Zhang Yimou. Elle a travaillé avec les plus grands réalisateurs comme Ang Lee, Wong Kar-Wai et Rob Marshall, et a tenu de nombreux premiers rôles dans *Tigre et dragon* (2000), *Le Secret des Poignards volants* (2004), *2046* (2004) et *Les Mémoires d'une Geisha* (2005) pour lequel elle a été nominée au Golden Globe de la meilleure actrice. Elle a été le membre le plus jeune du jury du festival de Cannes.

YAO MING (1980-)
Ce joueur de basket professionnel joue dans les Houston Rockets du championnat américain. Mesurant 2,28 m, il est l'un des meilleurs joueurs du monde et a été quatre fois médaille d'or.

Biographie

GLOSSAIRE

Ces caractères représentent une femme (à gauche) et un homme (à droite).

ACUPUNCTURE Méthode curative déjà pratiquée dans la Chine ancienne. De petites aiguilles sont plantées sur des points de pression spécifiques du corps pour stimuler les flux d'énergie ou *Qi* pour soulager la douleur ou traiter un certain nombre de maux.

ASTROLOGIE Art de prédire le futur en fonction de la disposition des planètes. L'astrologie chinoise est basée sur le calendrier chinois. Les cycles de soixante ans comprennent les douze animaux du zodiaque, comme le dragon, le cheval, le singe, le coq, le chien, le cochon et le rat, chacun avec cinq « agents » possibles (bois, feu, terre, métal et eau). Ceux qui sont nés l'année de tel ou tel animal sont censés posséder ses qualités.

BAGUETTES Paire de longues et fines tiges de bois, de bambou ou de plastique dont on se sert pour manger.

BAMBOU Haute plante semi-tropicale, à croissance rapide, aux tiges creuses et ligneuses et aux jeunes pousses comestibles.

Souvenirs du communisme : des médailles de Mao Zedong

BOUDDHA Titre donné à Siddhartha Gautama (vers 563-483 av. J.-C.), un maître spirituel d'origine noble né au nord de l'Inde qui a consacré sa vie à la recherche l'éveil et à la libération de l'esprit.

BOUDDHISME Enseignement religieux prodigué par Bouddha et ses fidèles et datant du ve siècle av. J.-C. Il enseigne que le genre humain peut atteindre la sérénité et l'épanouissement en évitant la cupidité et la haine. C'est une des principales religions en Chine et la quatrième au monde, avec 360 millions de fidèles.

CALLIGRAPHIE Style d'écriture manuscrite, belle et fluide, réalisée avec de l'encre, des plumes et des pinceaux de différentes tailles et formes.

CANTONAIS Dialecte chinois parlé principalement dans la province de Guangdong, à Hongkong et à Macao. Le terme désigne aussi la population et la cuisine de la région.

COMMUNE Groupe de familles ou d'individus vivant ensemble et partageant les biens et les responsabilités. Pendant le « Grand Bond en Avant » de Mao, la collectivisation a contraint des paysans à vivre ensemble dans d'immenses communes.

COMMUNISME Système politique défini par Karl Marx (1818-1883) qui aspire à une société égalitaire et sans classes, dans laquelle la propriété individuelle est bannie et où l'industrie et l'agriculture appartiennent à la communauté

CONFUCIUS Philosophe chinois qui vécut entre 551 et 479 av. J.-C. Il a été vénéré comme un grand sage et un maître de morale. Il a servi aux dirigeants communistes pour légitimer le gouvernement.

CONFUCIANISME Philosophie basée sur les enseignements de Confucius, d'une grande portée politique, sociale et culturelle. Elle forme la base de l'éducation chinoise et prône l'ordre moral, l'obéissance et l'importance de la famille.

COSTUME MAO Vêtement simple en coton qui ressemble à une tenue militaire et se compose d'un pantalon et d'une veste. Il était porté par la majorité de la population dans la Chine communiste au xxe siècle, mais on le voit moins souvent aujourd'hui.

DIALECTE Forme de langage parlée dans des régions définies. Des centaines de dialectes sont parlés en Chine, comme le cantonais (voir plus haut) et le *wu* (parlé surtout à Shanghai et dans les régions proches du sud-est de la Chine).

DIM SUM Petits raviolis chinois, fourrés principalement au porc, aux crevettes ou aux légumes, et souvent accompagnés de thé.

DYNASTIE Succession de chefs héréditaires. Dans la Chine impériale, le terme désigne une succession d'empereurs d'une même famille ou d'une même ethnie comme les Ming.

FENG SHUI Art ancien chinois de la conception des habitations et des tombes qui vise à atteindre l'harmonie dans un environnement naturel. Cette pratique favorise les flux de *Qi* ou « énergie naturelle », apportant le bonheur.

FÊTE DU PRINTEMPS La fête la plus importante du pays a lieu à l'occasion du Nouvel an chinois. Elle a lieu le premier jour du premier mois lunaire (généralement un mois plus tard que dans le calendrier occidental) et dure quinze jours. C'est le moment pour la famille de se réunir et de prendre une semaine de vacances.

GUERRE CIVILE Guerre entre les habitants ou les groupes de différentes

Dim sum

régions d'un même pays. En Chine, le terme fait référence aux conflits de 1927-1937 et 1945-1947 entre les forces du Kuomintang (KMT) conduites par Tchang Kaï-chek et les forces communistes de Mao Zedong.

HAN Le plus important groupe ethnique en Chine, auquel appartient près de 90 % de la population.

HUTONG Vieilles ruelles de Pékin et d'autres villes du nord, qui bordent les maisons à cours carrées. Ce terme, d'origine mongole, désignait l'endroit où vivent les gens.

KUNG FU Art martial chinois basé sur l'autodéfense et l'entraînement à la fois physique et mental. Cette discipline a été popularisée par les films de l'acteur Bruce Lee.

KUOMINTANG (KTM) Parti politique fondé par Sun Yat-sen en 1911 et qui a dominé la Chine de 1928 à 1949 sous le commandement de Tchang Kaï-chek. Après 1949 et l'exil à Taïwan, le Kuomintang est devenu le parti dirigeant. Il est aussi connu sous le nom de Parti National.

MANDARIN Langue officielle en Chine depuis 1917, parlée par environ deux tiers de la population. Elle est

Un adepte du kung fu faisant une démonstration de mouvement de défense

Le caractère « Bonne chance » en mandarin sur une carte de vœux du Nouvel an chinois

utilisée à la télévision, à la radio, dans les journaux, et enseignée dans les écoles du pays.

MÉDECINE TRADITIONNELLE CHINOISE Tradition de soins née dans la Chine ancienne, basée sur la manipulation des énergies naturelles, ou *Qi*, du corps. Elle utilise des herbes, l'acupuncture, les massages, différentes formes d'exercices et de régimes.

MIGRANT Personne qui quitte le lieu où elle vit pour s'installer dans un autre. Ce déplacement, souvent dû à la misère, se fait en général de la campagne vers la ville (exode rural) ou un autre pays (émigration).

MILLET Plante céréalière cultivée pour son grain et son fourrage. Le grain peut être bouilli ou moulu pour en faire de la farine.

NOMADE Membre d'une tribu ou d'un peuple, souvent accompagné de bétail, qui se déplace pour trouver de la nourriture ou des pâturages.

Rizières au sud-ouest de la Chine

NOUVEL AN CHINOIS Voir Fête de Printemps

PARTI COMMUNISTE En Chine, il s'agit du seul parti au pouvoir, souvent simplement connu sous le nom de « le Parti ».

PARTI NATIONAL Voir Kuomintang

PICTOGRAMME Dans l'écriture chinoise, symbole ou image figurant le mot ou le groupe de mots qu'ils signifient.

PINYIN Système de transcription phonétique du chinois qui a été adopté par le gouvernement de la République Populaire de Chine, puis à un niveau international. L'alphabet *pinyin* recourt aux 26 lettres de l'alphabet latin.

PORCELAINE Céramique translucide faite d'argile, de verre pilé et de cendres. Ses finitions délicates en faisaient un produit très prisé en Europe.

POUSSE-POUSSE Petit véhicule à deux roues, tirés par une ou deux personnes, et utilisé un peu partout en Asie pour le transport des personnes. Les pousse-pousse modernes sont tractés par un vélo ou un vélomoteur.

PROPAGANDE Système organisé pour répandre l'information, avec l'intention de promouvoir un point de vue particulier à des fins politiques.

QI (OU KI) Mot chinois traduisant l'idée que l'énergie vitale circule dans le corps selon des axes appelés méridiens.

RENMINBI (RMB) voir Yuan

RÉVOLUTION Changement significatif, qui entraîne le renversement d'un régime politique.

RÉVOLUTION CULTURELLE Mouvement lancé par Mao Zedong pour lutter contre ses rivaux politiques, renforcer ses idées et abolir le passé.

Le fond incurvé répartit la chaleur uniformément.

Légumes sautés dans un wok

De 1966 à 1976, il a été soutenu par des groupes de jeunes volontaires fanatiques, les Gardes rouges.

RIZIÈRE Champ irrigué où l'on cultive du riz, en Chine et dans le reste de l'Asie du sud-est.

TAI CHI Forme d'exercices décrivant des mouvements lents en rythme, basée sur les arts martiaux développés depuis la Chine ancienne. Il est également utilisé comme une forme de méditation.

TAOÏSME Philosophie basée sur les enseignements de Laozi,

Quelques billets de banque chinois. La monnaie chinoise est le yuan.

qui vécut entre le VIe et le IVe siècle av. J.-C. Elle encourage une vie simple et honnête et combat contre tout ce qui vient entraver le cours naturel des événements.

VER À SOIE Chenille blanche d'un papillon, qui est à l'origine de la quasi totalité de la soie commerciale.

WOK Grande poêle en métal avec un fond convexe.

YIN ET YANG Il s'agit de la croyance chinoise qui veut qu'en toute chose existent deux natures – le Yin et le Yang – qui sont complémentaires et s'équilibrent entre elles. Par exemple, le Yin se réfère à ce qui est sombre, froid, humide et féminin tandis que le Yang se réfère à ce qui est lumineux, chaud, sec et masculin.

YOURTE Tente circulaire avec une armature de poteaux en bois recouverte de feutre ou de toile, utilisée par les nomades mongols et turcs en Asie centrale et orientale. Aussi connue sous le nom de *ger*.

YUAN La principale unité monétaire en Chine, divisée en 10 jiao et 100 fen. Aussi connue sous le nom de *renminbi* ou RMB.

INDEX

REMERCIEMENTS

L'auteur voudrait remercier :
Frances Baawuah, Edera Liang & family, Nicholas Gerda, Coral et Dominic Sebag-Montefiore, Chen Songzhu, Melanie Williams, Duan Yanling, Dominic Zeigler.

L'éditeur voudrait remercier:
Claire Bowers, Carey Scott, David Ekholm–Jalbum, Sunita Gahir, Joanne Little, Susan St Louis, Steve Setford, et Bulent Yusef pour la maquette ; David Ball, Kathy Fahey, Neville Graham, Rose Horridge, Joanne Little et Susan Nicholson pour ; Andy Hilliard, Ben Hung et Ronaldo Julien pour l'aide technique ; Lynn Bresler pour ses relectures et l'indexation.

Crédits photographiques
L'éditeur voudrait remercier les personnes suivantes pour l'avoir autorisé à reproduire leurs photographies dans ce livre :

(Légende : h-haut/dessus ; b-bas/dessous ; c-centre ; g-gauche ; d-droit)
akg-images : 11hd, 12hg ; Alamy Images : Pat Behnke 14cg, 38bg, 63cd ; Tibor Bognar 42b ; Marco Brivio 30b ; Mehdi Chebil 17cd, 32bd ; Cosmo Condina 68bg ; Content Mime International 68cd ; Dennis Cox 6-7bc ; James Davis Photography 27hd ; Kevin Foy 31hg, 60cg, 62b ; James Frank 19bd ; Robert Fried 10hd ; Mike Goldwater 63bc ; Sally & Richard Greenhill 41b ; Robert Harding Picture Library Ltd. 9c ; imagebroker 9cd ; Norma Joseph 21cd ; Lou Linwei 19hd, 41cgh, 43cd ; Tina Manley 39bd ; Iain Masterton 43hd, 48bg, 53bd ; nagelestock.com 11b ; David Noton Photography 8-9b ; Panorama Media (Pékin) Ltd. 34cg ; Phototake Inc. 51c ; Jiri Rezac 19hg ; rochaphoto 40hg ; Marco Secchi 30cd ; Keren Su / China Span 36bg ; Jeremy Sutton-Hibbert 23bd ; vario images GmbH & Co.KG 27hg ; Visual Arts Library (London) 10bg, 47hd ; WorldFoto 27b, 30hg ; The Bridgeman Art Library : Musée Guimet, Paris 46hd ; Private Collection 12bg, 54cgh ; Private Collection / Archives Charmet 67bg ; Private Collection / Photo © Christie's Images 54hg ; Corbis : 67hd ; K. Andrew / epa 37cg ; Dave Bartruff 12c ; Annie Griffiths Belt 22cd ; Bettmann 12cg, 13c, 68cgb ; Bohemian Nomad Picturemakers 62hg ; Adrian Bradshaw / epa 49b ; Tom Brakefield 37hd ; Brooklyn Production 40cgh ; David Butow / Corbis Saba 16-17bc ; Kin Cheung / Reuters 4bd, 41hg ; China Newsphoto / Reuters 27c ; China Photos / Reuters 57hg ; Christie's Images 55cd ; Claro Cortes IV / Reuters 44c ; Justin Guariglia 28hd ; Robert Harding World Imagery 21bd ; So Hing-Keung 44hd, 56-57b ; Wolfgang Kaehler 9hg ; Earl & Nazima Kowall 22hg ; Reinhard Krause / Reuters 55hg ; Simon Kwong / Reuters 58c, 69hd ; Liu Liqun 23bc, 40bg, 49hd ; Craig Lovell 37cd ; James Marshall 6cg ; Wally McNamee 69hg ; Gideon Mendel 22b, 28b ; Zeng Nian 57hd ; Kazuyoshi Nomachi 26hd, 45hg ; Reuters 35cd ; Reuters / Guang Niu 17hd ; Reuters / Kin Cheung 18d ; Reza / Webistan 17hg ; Galen Rowell 63hg ; Gilles Sabrie 20hg ; Bob Sacha 3, 6bg ; Bob Sasha 23cgb ; Michel Setboun 26bc ; Keren Su 8bg, 20b, 32bg, 33bg, 62hd ; Peter Turnley 16cg, 26cgb ; Julia Waterlow / Eye Ubiquitous 26cgh ; David H. Wells 32hg ; Michael S. Yamashita 8hg, 13hg, 29cd, 34-35b ; Bobby Yip / Reuters 17bd ; Zefa / Angelo Cavalli 24b ; DK Images : Alan Hills / The British Museum 15hg (Brush) ; Chas Howson / The British Museum 71cd ; Dave King / Courtesy of The Science Museum, London 50bc ; Dave King / Courtesy of the University Museum of Archaeology and Anthropology, Cambridge 10hg ; Judith Miller / Ancient Art 66cg ; Judith Miller / Sloan's 10c, 18cg ; Judith Miller / Sloans & Kenyon 66hd ; Courtesy of the National Maritime Museum, London 50bg ; Courtesy of the Pitt Rivers Museum, University of Oxford 11hg ; Laurence Pordes / Courtesy of The British Library 15hg (Inkstone) ; Karen Trist / Rough Guides 58cg ; Alex Wilson / Courtesy of the Charlestown Shipwreck and Heritage Centre, Cornwall 34cd (Tobacco) ; Yanling Duan : 14bc, 53hg ; Empics Ltd : AP Photos / Greg Baker 29hd ; Getty Images : 56cgb ; AFP 45hd, 51l, 69c ; AFP / Liu Jin 29hg ; AFP Photo / Frederic J. Brown 53bg ; AFP Photo / Peter Parks 43bd ; Archive Photos 59c ; Asia Images / Gareth Jones 16bg ; Aurora / Ashley Gilbertson 15hd ; Torsten Blackwood / AFP 57cd ; Bongarts / Christian Fischer 60bg ; Frederic J. Brown / AFP 38hd, 48hg ; Clive Brunskill 60bc ; China Photos 25hg ; Cancan Chu 51hd ; Fred Dufour / AFP 54-55b ; Nir Elias / AFP 67bd ; Hulton Archive 67cgh ; The Image Bank / Keren Su 6hd ; The Image Bank / Richard A. Brooks 44-45b ; Liu Jin / AFP 7bd, 55hd ; David Levenson 68hd ; Liaison / Paula Bronstein 53hd ; Dylan Martinez / AFP 13bd ; Guang Niu 61b ; Peter Parks / AFP 51bd ; Michel Porro 15b ; Peter Rogers 33bd ; Stephen Shaver / AFP 63hd ; Stone / Robert Van Der Hilst 25cd ; Stone / Shuan Egan 31bd ; STR / AFP 56hd ; Henri Szwarc / Bongarts 69bd ; Taxi / Keren Su 18bg, 42hg ; Mark Thompson 61hg ; Ben Hoare : 4hd, 23hg, 23ca, 23hd, 48cd ; The Kobal Collection : Columbia / Sony / Chuen, Chan Kam 58cdh ; Panos Pictures : Natalie Behring 52b ; D.J. Clark 47hg, 47bd ; Qilai Shen 21hd, 25hd ; Chris Stowers 7hd ; Gangfeng Wang 7cd ; Rex Features : Everett Collection 59hg ; Patrick Frilet 31hd ; Richard Jones 58bd ; Lou Linwei 51cdh ; Peter Lou / Sinopix 49hg ; Sipa Press 24hg, 29bd, 35hd, 43bg ; The Ronald Grant Archive : 58hg ; Still Pictures : BIOS Gunther Michel 37bd ; BIOS Klein & Hubert 31c ; Ecopix / Ullstein 25cg ; Russell Gordon 41hd, 46-47b ; Hiss / Ullstein 25b ; Thomas Roetting 14c, 19bg ; ullstein - phalanx Fotoagentur 48cg ; ullstein / Vision Photos 21hg ; UNEP 46bg ; The Wellcome Institute Library, London : 52hg.
Nous nous sommes efforcés de retrouver les propriétaires des copyrights. Nous nous excusons pour tout oubli involontaire. Nous effectuerons toute modification éventuelle dans nos prochaines éditions.

Couverture Dorling Kindersley sauf 1er plat : Free Agents Limited/Corbis/Dallas and John Heaton ; 4e plat : Lonely Planet Images/Krzysztof Dydynski g, Royalty Free cd, Bob Sacha bd.

Pour l'édition française
Traduction Catherine Grive
Édition Denis Bertholet
Corrections Claire Aubreton
Conseiller Geng Yan Min, journaliste
Maquette de couverture Marguerite Courtieu
Suivi éditrorial Eric Pierrat
Photogravure de couverture Scan+
Site Internet associé Bénédicte Nambotin, Ariane Michaloux et Eric Duport